CUADERNOS PARA EL ANÁLISIS

58

JAUME SARRAMONA

LA EDUCACIÓN EN EL DÍA A DÍA

Editora: Núria Casals Girons

Primera edición: febrero 2024

Diseño de cubierta: Raquel Pineda Sotés

Horsori Editorial, S.L.
C/ Neopàtria, 93, local
(08030) Barcelona
http://www.horsori.net

© Horsori Editorial, S.L., 2024
© Jaume Sarramona, 2024

Depósito Legal: B 3738-2024
I.S.B.N.: 978-84-127190-6-2
Impreso en Podiprint

ÍNDICE

Introducción

Una de las maneras de conocer a las personas es analizando aquellos acontecimientos que nos han resultado significativos y que han quedado fijados en nuestra memoria. Y unos acontecimientos resultan significativos porque son sintomáticos de la forma de ser de los protagonistas de la anécdota, pero también en función del contexto en que se produjeron. En caso contrario, se habrían perdido en la memoria por su irrelevancia. Una anécdota puede definir mejor a una persona o una situación compleja que largas explicaciones verbales.

En esta obra se recurre a una serie de situaciones o anécdotas vividas por el autor en diferentes momentos de la vida, como puntos de referencia inicial para poder realizar reflexiones pedagógicas a partir de ellas. Se trata de una forma, como otra cualquiera, de mostrar las consecuencias prácticas de determinadas concepciones educativas y sociales, no alargándolas más de lo que la paciencia del lector pudiera soportar. Los capítulos presentados pueden ser leídos de manera aleatoria porque cada uno de ellos concluye con las ideas que pretende mostrar.

El propósito general es señalar la practicidad de los principios pedagógicos esgrimidos, que no se quedan en meras reflexiones académicas, sino que tienen indudables consecuencias prácticas. Los principios y las recomendaciones pedagógicas siempre afectan a la práctica. En este caso, a la práctica educativa en multitud de situaciones cotidianas, tanto a las actuaciones de los profesionales de la educación como a las de los demás agentes educadores, como los padres y abuelos.

La presente versión del libro parte de otra anterior editada en catalán, una vez revisada, modificada y actualizada para situarla en los tiempos actuales y para atender a un contexto más amplio de posibles destinatarios.

Bellaterra (Barcelona), en otoño del 2023

1

La democracia participativa no lo es todo en los centros escolares

Era una escuela perteneciente a la Obra Social de la entonces Caixa de Cataluña donde se impartía la educación básica completa. Una de las primeras reuniones que hice con el claustro, en tanto que asesor pedagógico de la entidad titular, fue para informar sobre propuestas a realizar en el futuro, además de recoger información y opiniones de los docentes para encarar ese futuro. En un cierto momento pedí las razones que justificaban la utilización del método de lecto-escritura que entonces se utilizaba en la escuela. La respuesta fue: «Lo aprobamos en el claustro».

Ciertamente, la anécdota ocurrió ya hace unos cuantos años, pero sigue siendo válida en la actualidad para mostrar cómo se pueden llegar a confundir las cuestiones que deberían tener una clara dimensión profesional con otras más propias de la participación social, aunque en algún momento pueda haber puntos de confluencia entre ambas.

Sin duda, los claustros de las escuelas han de ser un lugar donde se informe, se debatan cuestiones y se tomen acuerdos, y dentro de estos acuerdos los habrá de tipo diverso, unos claramente opináticos, otros legales y otros que se apoyarán en razones técnicas y científicas. Sin olvidar que dentro de estas últimas puede haber más de una corriente, más de una teoría a considerar, y habrá que escoger. El problema es cuando se mezcla todo, y solamente se buscan las justificaciones fundamentadas en los acuerdos sociales para cuestiones que entran plenamente en el campo de las decisiones profesionales. ¿Esto quiere decir que la escuela y las instituciones educativas en su conjunto no deben buscar el consenso en sus actuaciones, precisamente para ser eficaces? Muy al contrario.

El consenso y la coherencia de todos los implicados es un requisito institucional de primera importancia. Consensuar es una de las características de la democracia y también de la actuación institucional coherente y eficaz. Y ahora alguien podría preguntarse si la escuela no debe ser democrática en su funcionamiento. La respuesta generalizada sin duda sería afirmativa, pero inmediatamente empezaríamos a debatir qué significa que una institución educativa sea democrática. Aludiendo a una primera argumentación, que parece inapelable, se diría: si la escuela tiene que preparar para la vida y esta se desarrolla en una sociedad democrática, obviamente la escuela debe ser un reflejo de esta misma sociedad para la cual prepara; y todavía se podría añadir que la escuela, como institución social de una sociedad democrática, debe encarnar los mismos valores que esa misma sociedad. Sin negar estos principios, convendrá analizar con un cierto detalle todas las implicaciones que la democracia comporta al instalarse en la escuela, más allá de los estereotipos y mitos. Después volveremos a la decisión de la anécdota.

La primera cuestión que hay que resolver es la de determinar el complejo significado del término "democracia", para después poder advertir si tiene su plena aplicación en una institución como la escuela. Y esto no es tarea sencilla. No es tarea sencilla porque bajo la denominación de "democracia" se han entendido y se entienden cuestiones muy diferentes, por lo cual es habitual que se introduzcan calificativos para determinar su significado. Quien no ha oído hablar de "democracia burguesa", "democracia participativa", "democracia real", "democracia vigilada", "democracia orgánica", "democracia popular", "centralismo democrático" y un largo etcétera, que indican la concepción de un término que nadie quiere negar de entrada, pero que se interpreta en beneficio de una determinada idea de las reglas de funcionamiento social y político. Aunque ahora no se trata de analizar la vigencia de la democracia en el conjunto de la sociedad, sino solo en el contexto de la institución escolar, para poder responder a la pregunta anterior, será imprescindible explicitar de qué tipo de democracia estamos hablando o, si se prefiere, cuáles son las características de la democracia que después se pretenderá para la escuela.

Como propuesta, se señalan cuatro características de la democracia más ampliamente considerada en estos tiempos: libertad, participación, pluralismo y justicia. Sin duda se podrán añadir más notas a las indicadas, pero estas resultan fundamentales para determinar una sociedad que merezca el calificativo de democrática. Nos interesará analizar cómo se materializan en la escuela.

No será exagerado considerar que el primer principio propio de una democracia es la libertad, que se podría escribir con mayúsculas para evidenciar su trascendencia. Pero nuevamente nos encontramos con un término que tiene amplio significado, con el cual se suele estar de acuerdo como principio, pero las dudas surgen cuando se concreta en sus aplicaciones. La libertad es un anhelo que tiene su materialización en un contexto democrático, y que se traduce en las dos grandes manifestaciones de la actividad humana: libertad en la expresión y libertad en la acción. La cuestión es que el principio de libertad individual en sus manifestaciones de expresión y de acción ha de ser posible en todos y cada uno de los miembros que integran la sociedad, de modo que la libertad individual siempre está limitada a la convivencia social, en cuanto afecta a las libertades ajenas. La libertad de expresión, por ejemplo, no puede atentar contra derechos y honorabilidad ajena; la libertad de acción individual no puede atentar contra esa misma libertad de las actuaciones de los demás.

Los ejemplos serían múltiples para advertir de esta perspectiva limitada y a la vez dinámica de la concepción de la libertad. Pensemos, por ejemplo, en la prohibición de fumar en establecimientos públicos, inexistente hace unos cuantos años, o en la prohibición de tomar el sol en lugares públicos prácticamente sin ropa, también existente tiempo atrás, para tener dos ejemplos que añadir a la larga lista que podemos imaginar. Este será un ámbito en el cual siempre se podrá decir que avanzamos hacia una mayor libertad de expresión y de acción, pero también se podrá afirmar que las libertades personales se ven cada día más recortadas por normas y leyes que regulan una gran parte de nuestra vida. La vida en sociedad demanda una regulación para hacerla factible, y a mayor complejidad de la vida social más necesidad existe de tal regulación.

¿Cómo habrá que entender la libertad en la escuela? En tanto la escuela prepara para vivir en una sociedad donde la libertad es un principio fundamental, y deba ser un reflejo –al menos parcial– de esta misma sociedad libre, la lógica dirá que la libertad debe estar presente en la escuela. Fijado el principio general, habrá que entrar en los matices. Lo primero que se puede constatar es que en la escuela hay personas de varias edades, funciones y responsabilidades, y esto incide directamente en el ejercicio de la libertad, como es lógico. Los adultos, en pleno uso de sus derechos y deberes sociales, podrán ejercer la libertad en su plenitud, pero con las limitaciones que la naturaleza de la institución escolar y las características de la profesión educativa conllevan, como le sucede a cualquiera otro profesional respecto a la institución a la cual pertenezca. Para poner un ejemplo, podemos pensar en los límites de la libertad de expresión cuando se está sometido al secreto profesional, o en los límites de la libertad de asistir o no al trabajo cuando se está sometido a un contrato laboral, etc. Todavía podríamos concretar algo más. ¿Qué pasa con la libertad de expresión de ideas religiosas si se trabaja en un centro que tiene un ideario confesional? El ejercicio de la libertad en el momento de elegir donde trabajar, conlleva la obligación de respetar los principios ideológicos y religiosos que sustente el centro escolar donde se labora, lo cual no incluye la libertad de pensamiento, pero que sí incidirá sobre la libertad de expresión y de acción.

En el caso de los alumnos, nos encontramos con un factor añadido en el ejercicio de la libertad de expresión y de acción, derivado de la carencia de madurez para asumir la plena responsabilidad de sus acciones, responsabilidad que recae en sus padres o tutores y, durante el horario escolar, en los docentes y educadores. Por lo tanto, durante la asistencia a la escuela en la escolaridad obligatoria, no se podrá materializar el pleno ejercicio de la libertad de decisión por parte de los alumnos. Y fuera de esa escolaridad obligatoria está el derecho de la institución de ejercer sus funciones docentes y de los asistentes a la misma a recibirlas. Así se explican los conflictos que surgen cuando se promueven huelgas que no son secundadas por todos los miembros de la institución afectada, por ejemplo.

La escuela ha de preparar a los alumnos para ejercer el derecho de la libertad en una sociedad democrática, con las correspondientes limitaciones que tal ejercicio comporta, y tiene que hacerlo practicando expresiones y acciones de libertad en el marco institucional propio, además del general de la sociedad en la cual está inserta. Los problemas surgen cuando de los criterios generales se desciende a las situaciones concretas. Se pueden mencionar diferentes situaciones: ¿libertad para vestirse cómo se quiera, aunque sea con el beneplácito de los padres?, ¿libertad para alimentarse en el comedor escolar como se prefiera?, ¿libertad para compartir tareas solo con los compañeros preferidos?, ¿libertad para emplear las expresiones verbales preferidas para dirigirse a docentes, autoridades, compañeros?... Si para cada uno de estos ejemplos cabe emitir una respuesta que supone matización o condicionantes, se entra en la vía que conduce las decisiones y comportamientos a ser coherentes con la actuación educativa general que corresponde en la escuela en tanto que institución social.

Los docentes tienen libertad de acción profesional para decidir estrategias, materiales, sistemas de evaluación, etc. Incluso está legalmente reconocida esta libertad bajo la denominación de "libertad de cátedra". Pero no se trata de una libertad absoluta, que pudiera dar lugar a arbitrariedades. Las decisiones han de estar justificadas por argumentos profesionales, que aquí incluyen tanto conocimientos técnicos y científicos como la convicción que son beneficiosas para los alumnos. Por ejemplo: ¿una escuela puede elegir entre varios métodos de lectura posibles? Naturalmente, pero después de analizar y garantizar que el método escogido es el más adecuado para los alumnos, en función de la lengua materna, la lengua empleada en la lectura, etc. Todo ello dando por supuesto que la administración educativa reconoce y respeta el principio de autonomía de los centros escolares para tomar decisiones metodológicas, lo cual no impide la obligación de rendir cuentas de sus resultados.

Una segunda característica de la democracia –sin pretensiones de establecer un orden de importancia– es la participación. En efecto, la democracia constituye una forma de organización social antitética al monopolio del poder a cargo de una persona o grupo por razones de casta, económicas, religiosas, de etnia o por el ejercicio de la fuerza. En democracia, el poder es compartido, en la medida que todos los sujetos pueden acceder él, y se ejerce por delegación del conjunto de los ciudadanos. Consiguientemente, el ejercicio del poder no puede ser vitalicio *a priori*, sino que requiere la renovación periódica de la confianza (o delegación) de quienes tienen la soberanía corporativa, por consiguiente, puede ser revocado cuando se crea conveniente. A tal efecto, han de existir mecanismos de control que garanticen el ejercicio del poder de acuerdo con las condiciones establecidas.

Existen diversas formas prácticas de organizar la participación y de concretar el control sobre quienes ostentan el poder. Depende, entre otros factores, de la tradición en el ejercicio de la democracia, del tamaño de la comunidad, etc. Con todo, la expresión de la voluntad popular mediante el voto secreto se ha consolidado como una práctica común, sin que sea unánime la frecuencia de su aplicación o que los destinatarios de las votaciones deban ser personas concretas o grupos políticos (listas abiertas o cerradas). El principio básico de la democracia social actual es, por lo tanto, "una persona un voto".

Resulta tan indiscutible el derecho a la participación de los implicados en las instituciones sociales, como la necesidad de armonizarla con la profesionalización de los que deben ejecutar las tareas que la institución tiene asignadas. En principio, parece claro que la participación de los miembros de la comunidad escolar no puede ser del tipo de sufragio universal, precisamente debido a las diferencias de funciones y responsabilidades de quienes confluyen en ella. Unos implicados actúan laboralmente (profesorado, personal no docente), otros han delegado funciones educativas (padres, tutores), otros son receptores directos de las finalidades institucionales (alumnos); después están los propietarios legales de la escuela (titulares) cuando no es pública y, finalmente, está la administración educativa como garante legal y técnica para todo el ámbito institucional. El estamento discente, por su parte, es sumamente heterogéneo: puede tener pocos años de vida o ser persona en plenitud de derechos y deberes cívicos. Todo este conglomerado diverso forzosamente condiciona el nivel de participación de los estamentos escolares.

De la especificidad de la escuela como institución social se podrían desprender las siguientes líneas generales de participación:

- Al estamento docente, responsable directo de la educación escolar ante el resto de los implicados, le corresponde la participación preferente en todo lo referente a la actuación pedagógica profesional: planificación, aplicación, evaluación, recursos institucionales, etc.
- El estamento no docente, responsable de los elementos materiales y funcionales que inciden en las tareas educativas institucionales, debe tener participación preferente en cuanto a su organización.
- El alumnado, destinatario directo de las actuaciones pedagógicas, en la medida que su edad y capacidad se lo permita, debe tener una participación preferente en el control inmediato de su educación.

Este control, sin embargo, deberá ser contrastado con las razones profesionales que los estamentos anteriores puedan tener. Por otro lado, los alumnos han de poder organizar estructuras y realizar actividades compatibles con la naturaleza de la institución escolar, es decir, que se vinculen con las metas educativas de la misma.

- A los padres, responsables legales y morales de la educación de sus hijos, les corresponde una participación preferente en el control de los resultados educativos. Por esta misma razón, han de poder organizar actividades de carácter complementario a las pedagógicas del centro escolar, siempre de acuerdo con las metas educativas institucionales.

- Cuando la escuela es el resultado de una iniciativa personal o colectiva, aparece la figura del titular o propietario de la misma, quien asume legalmente los derechos y deberes propios de la institución. El titular tendrá participación preferente en la gestión y organización general del centro, así como en el control general de la actividad pedagógica, como garantía que se corresponde con las metas educativas que lo definen.

- La administración educativa, como expresión del poder político legalmente constituido, es la responsable de velar para que la escuela cumpla los requisitos generales de carácter legal reguladores de su función social. Por lo tanto, tendrá participación preferente en cuanto a la supervisión institucional, que incluye tanto cuestiones de tipo técnico como administrativo. Si el centro escolar es de carácter público, asume también las funciones propias del titular. Todo esto al margen de la posible delegación de sus responsabilidades en personas o grupos.

Se advertirá que los límites precisos de cada participación no son fáciles de establecer. Aquí se han señalado los ámbitos de participación preferentes, pero esto no quiere decir que sean únicos ni exclusivos. Por ejemplo, el profesorado tiene mucho que decir respeto la conveniencia pedagógica de las actividades complementarias y extraescolares que organizan los padres. Estos, a su vez, han de ser tenidos en cuenta en la organización de los calendarios, horarios, materias optativas, etc., dada la incidencia que todo ello tiene sobre la vida familiar y el futuro de sus hijos. Los mismos alumnos asumirán la participación anterior cuando ya poseen autonomía personal suficiente.

La democracia de la institución escolar consistirá precisamente en velar para que cada estamento y persona puedan desarrollar el papel que le es propio, y que el diálogo y la cooperación sean permanentes entre todos ellos. Así se supera la simple consideración de que la participación se resuelve a través de la votación, sea de un solo estamento o de todos ellos.

El ejercicio de la libertad desemboca inevitablemente en el pluralismo, como manifestación de las diversas opciones que las personas pueden tomar al concebir el mundo, la vida y, consiguientemente, la organización social. Precisamente se valorará la fortaleza de la democracia de una sociedad por su capacidad para sostener una amplia diversidad ideológica, traducida en forma de partidos políticos, opciones religiosas, organizaciones diversas, para resolver los problemas de la vida colectiva. ¿Todas las opciones tienen cabida en una sociedad democrática? Los límites que se podrían fijar son aquellos que precisamente ponen en peligro la existencia misma de tal democracia. La supervivencia del conjunto se erigirá en el límite del pluralismo, de manera equivalente a cómo se comentaba respecto a la libertad de acción.

Aplicado en la escuela, el pluralismo tiene dos perspectivas: la que lleva a la pluralidad de centros escolares dentro del sistema educativo y la que supone el pluralismo dentro del propio centro escolar. Las dos opciones tienen su lugar en una sociedad democrática. No se puede acusar a una escuela de antidemocrática por manifestar un proyecto educativo determinado, dentro de la gama que sean aceptables democráticamente en el conjunto de la sociedad, y que cumpla con los principios del bien común. Esto no debiera ser obstáculo, sin embargo, para que dentro de la institución escolar en cuestión se forme a los alumnos para una sociedad plural, lo cual pasa por facilitar información de otras concepciones ideológicas, para que así puedan decidir libremente su propia opción. Y tal diversidad de información ha de estar fomentada y determinada desde la administración del sistema educativo.

¿Y qué decir del pluralismo ideológico en los docentes de un centro escolar de proyecto educativo determinado? Pues que tienen los mismos límites que se comentaban respecto a la libertad de expresión y de acción. Como personas tienen todo el derecho a la elección de concepciones ideológicas y sociales; como profesionales libremente comprometidos con una institución, el deber de no obstaculizar el proyecto escolar, aunque ideológicamente no se sientan comprometidos. La resolución de posibles conflictos personales ante situaciones de contradicción será una cuestión a resolver por cada cual.

El proyecto educativo de los centros públicos debiera ser la resultante de un debate interno, que busque el encuentro en todos los puntos de coincidencia posibles, puntos que aumentan cuando la actitud de los interlocutores es de apertura y de disposición a renunciar a algo en beneficio del consenso. No se trata de un puro juego dialéctico, sino del encuentro de una base, lo más amplia posible, para hacer coherente el proceso educativo institucional y delimitar, así, campos de conocimiento y de opinión, donde se practique, de mutuo acuerdo, la imparcialidad. Por otro lado, habrá que delimitar claramente los ámbitos donde no tiene cabida el neutralismo, porque se trata de cuestiones moralmente inadmisibles, tal sería el caso de la violencia, la discriminación, etc.

El pluralismo escolar se materializa en multitud de hechos concretos, empezando por los criterios de admisión de los alumnos. Practicar el pluralismo significa no discriminar a nadie en función del sexo, etnia, creencias, nacionalidad, lengua... Y esto implica tanto al alumnado como a los padres, profesorado y personal no docente. También la aptitud puede erigirse en factor de discriminación. Hay centros escolares que tienen por norma excluir de entrada, o después del primer fracaso, a los alumnos que no llegan a los niveles prefijados. Tales centros llevan a cabo esta disposición porque suponen que habrá otros donde serán acogidos los alumnos afectados. Estas situaciones debieran ser seriamente revisadas desde la perspectiva de una sociedad democrática, donde la escuela ha de ejercer funciones compensatorias de los déficits personales; solo serían justificables si se puede demostrar que la solución propuesta es claramente más beneficiosa para el educando. Pero esto no tiene nada que ver con el cambio de centro debido a la comodidad que proporciona al centro emisor, el cual tiene la responsabilidad de atender todos los alumnos y no encubrir fracasos en este terreno traspasando su responsabilidad a otras instituciones.

La justicia constituye la garantía estructural de pervivencia para la democracia en todas sus manifestaciones. Bajo este principio tan abstracto se cierra el aforismo aristotélico de «A cada cual lo que le corresponde». El debate se centrará después en determinar qué corresponde a cada cual, lógicamente. La justicia se expresa en normas legales reguladoras de la vida colectiva. Y esta regulación legal implica obligaciones a realizar y acciones a evitar, así como los medios adecuados para garantizar el cumplimiento de los dos extremos. El adecuado funcionamiento de la justicia constituye la expresión misma del ejercicio de la democracia, por eso se concibe independiente de cualquier órgano de poder o de influencia social. Todo ello advirtiendo que las normas legales se deben adaptar al paso de los tiempos y a las necesidades que la sociedad plantee en cada momento, y no convertirse en dogmas inamovibles que impidan el progreso social. Es un principio válido en democracia el viejo aforismo (no siempre tenido en cuenta) que «las leyes son hechas para las personas y no al revés».

Habrá quien considere que en una sociedad democrática pocas cosas se deben prohibir –el famoso "prohibido prohibir", que suele aparecer en los *graffities*–, bajo el supuesto de que la práctica responsable es la mejor garantía para evitar excesos. Pero la realidad de las grandes comunidades advierte que tal práctica responsable está hoy muy lejos de comprometer a todos los sujetos por igual; y es más que probable que así siga pasando en el futuro. Por ello se insiste en considerar la plena democracia social como un proyecto siempre en fase de consolidación, nunca acabado. Además, el derecho positivo, expresión legal de la justicia, debe dar respuesta constante a nuevas situaciones provocadas por los cambios económicos, científicos, sociales. Regular la circulación de vehículos, el consumo de drogas, los nuevos matrimonios, la contaminación de las industrias, la fecundación *in vitro* o el derecho a la intimidad, constituye otras tantas consecuencias de las condiciones propias de la vida actual, que legislaciones de un pasado próximo no contemplaban.

En democracia siempre se ha considerado un principio fundamental la igualdad de todos los sujetos ante la ley. La normativa legal ha de obligar a todos sin excepción, sin consentir los privilegios que permitirían transgredirla impunemente. Solo hay que matizar ciertas situaciones, en el sentido de «no tratar igual a quienes son desiguales», desiguales por tener limitaciones que les dificulten, si no impidan, afrontar plenamente sus responsabilidades sociales. Con esta consideración se pretende llamar la atención sobre la necesidad de ofrecer mayor ayuda a quienes más lo necesitan –discriminación positiva–, para así aproximar a tales personas a las condiciones más propicias para la vida en común; de ninguna forma se trata de perpetuar situaciones de desigualdad bajo la excusa de que «son desiguales». Ejemplos concretos serían el tratamiento penal diferenciado para los menores, la atención a los psicóticos o los programas de ayuda integral a los grupos deprimidos. Las sociedades plenamente democráticas han entendido bien este principio y le dedican atención prioritaria.

La escuela es un lugar donde se debe aprender a respetar las leyes, para lo cual hay que empezar por respetar las normas de convivencia interna, expresadas en gran parte en el reglamento interior del centro. La escuela es un lugar donde se practica constantemente la moral social. Para que esta moral se vincule con la moral de la sociedad democrática general se requieren una serie de condiciones:

- Que los centros escolares tengan una normativa clara, conocida por todos sus miembros. Esta normativa ejercerá sobre los alumnos una función equivalente a las leyes reguladoras de la vida social, sin olvidar que estas han de ser igualmente conocidas y acatadas en todo lo que hace referencia directa a la vida escolar.
- Siguiendo el ejemplo de la sociedad democrática, la normativa escolar debe ser la resultante de un proceso participativo de todos los estamentos implicados. De nuevo hay que recordar que la marginación provoca enfrentamientos y genera irresponsabilidad hacia las normas.
- Toda normativa se debe poder revisar. Como ya se ha comentado, las leyes y las normas han de facilitar la vida colectiva en vez de convertirse en un obstáculo para su desarrollo. Por tanto, ha de existir la posibilidad de modificar los reglamentos si se advierte su inadecuación.
- En toda institución existe siempre una normativa no explicitada, que puede ser tanto o más determinante del comportamiento de sus miembros que la explícita. En el caso de la escuela, parte de esta normativa integraría lo que se ha denominado "currículo oculto", que puede llegar a constituir un contrapeso del currículo explícito. Aunque siempre resta un margen difícil de controlar en la dinámica de los grupos, es misión del educador profesional el desvelar posibles códigos informales que signifiquen un obstáculo para la educación democrática. Estos códigos distorsionadores pueden aparecer tanto en las relaciones internas de los diferentes estamentos: alumnos, profesores, padres... como en las relaciones interestamentales.

La vinculación entre la escuela y la democracia no es menos compleja que la relación general entre sociedad y democracia. Como se ha reiterado en infinidad de ocasiones, la democracia se construye constantemente, entre otras razones, porque la sociedad está en permanente cambio y reconstrucción. Pero una cuestión es clara respecto a la aplicación de la democracia a la escuela: en todo momento se deben respetar las atribuciones de todos los estamentos implicados y, especialmente, el beneficio educativo para los alumnos; esto exige algo más que votar y consensuar. La profesionalidad y el compromiso moral con la actividad educativa es primordial.

2

Esto es cosa de la policía...

Andando por una ciudad del Vallès Occidental, en la provincia de Barcelona, pasé cerca de una escuela pública y en aquel momento pude ver cómo unas mochilas caían a la calle tras superar el muro que rodea la escuela; tras ellas saltaron los alumnos propietarios de las mismas, las recogieron y se fueron corriendo. Decidí ir a la entrada de la escuela para explicar lo que había visto; me abrió la puerta principal una profesora que como respuesta a mi información me dijo que la policía municipal, si los ve por la calle, ya avisaría a las familias de los chicos; cerró la puerta y volvió al interior del centro escolar.

Diferentes puntos de vista pueden confluir en el análisis de una situación como la mencionada: obligatoriedad de la escolarización, responsables de hacer cumplir esta obligatoriedad, papel de las escuelas y los docentes durante el horario escolar, función de las familias en la escolarización obligatoria, función de las autoridades municipales, actitudes de los alumnos... y todo ello ha de confluir en una actuación coordinada y congruente con la educación escolar. Pero se advierte que legalidad, funcionalidad y sentido común no siempre coinciden.

Un primer pensamiento que puede surgir ante esta anécdota es el de considerar que aquellos chicos que se escapaban de la escuela estaban en su derecho, porque a partir de los catorce años, por ejemplo, la asistencia a la escuela no debería ser obligatoria. Que vayan, si quieren, y si no quieren, mejor que no vayan. A continuación, se puede argumentar que tener a chicos y chicas en las aulas contra su voluntad a partir de una cierta edad es inútil, porque no aprovechan nada y además son un estorbo para los otros compañeros que sí quieren estar en la escuela y aprovechar el tiempo. ¿Quién defiende especialmente esta posición? Pues los sectores más conservadores de la sociedad, que saben que la medida no afectará nunca a las familias de clase media y acomodada, que ya se encargarán de que sus hijos vayan a la escuela durante bastantes años, conscientes de que sin una formación adecuada resulta muy difícil abrirse camino en un mundo cada vez más exigente; porque saben que el dinero no lo es todo.

Afirmar que la escolarización se hizo obligatoria para beneficiar a las familias con menos recursos, para dar a las generaciones de chicos y chicas de origen más humilde una oportunidad real de tener un futuro mejor, considerar que la escolarización es una medida de equidad social, no parece nada exagerado, ante las evidencias y el mismo sentido común. Ahora bien, ¿qué pasa cuando los implicados llegan a la adolescencia, pongamos los catorce, quince años, y no quieren ir a la escuela? ¿Sirve de algo la imposición pura y dura? Sabemos que para aprender hace falta la implicación del sujeto aprendiz; en caso contrario, el aprendizaje no tiene lugar o bien su duración es totalmente efímera. ¿Qué hacer, pues, con quienes no quieren ir a la escuela y no quieren aprender cuanto en ella se enseña?

Lo primero que podríamos hacer es separar estas dos últimas cuestiones porque no son equivalentes. Nos podemos encontrar perfectamente con chicos y chicas que se aburren en la escuela, pero que mantienen el deseo de aprender. Este hecho no es habitual, también hay que decirlo, pero aquí caben desde alumnos muy dotados, a quienes la escuela no les proporciona lo que demandan, hasta aquellos que solamente están interesados en un solo ámbito del conocimiento: informática, arte, mecánica, deporte, etc. Son casos que deben ser considerados de manera específica, diferente de aquellos que odian todo cuanto la escuela representa, y no muestran interés por nada que suponga un esfuerzo de aprendizaje. Cada caso es un mundo y no podemos aquí afrontarlos todos, de manera que nos limitaremos a las reflexiones que tienen un carácter amplio.

La gran pregunta que hay que hacer a quienes dicen que no se debería obligar a los menores de dieciséis años a ir a la escuela si no quieren es qué tienen que hacer estos chicos y chicas. Trabajar no pueden, porque no tienen la edad laboral. Formarse para ir después a trabajar supone ir a algún tipo de institución educativa, donde tendrán que aprender algo, y ¿con qué justificación se los puede enviar a una escuela diferenciada del resto? ¿Se los debe considerar alumnos "especiales"?; ¿en qué sentido? Si la alternativa es no hacer nada y esperar a los dieciséis años para poder acceder al mundo laboral, se ve fácilmente que esto entraña un grave peligro para el desarrollo personal, con posibilidades de caer en situaciones de riesgo. Solamente en algunos casos muy concretos, donde haya una actividad familiar a la que tales alumnos se puedan acoger –entonces tendremos que preguntar también si quieren– se podría salvar mínimamente la situación. Pero todavía restan más interrogantes por resolver.

La alternativa que en tiempos pasados había para los alumnos que no estaban en la escuela era la de ir a trabajar; ahora no es legalmente factible. No solamente porque la edad laboral coincide con el plazo de la escolaridad obligatoria, dieciséis años, sino porque hoy no hay ningún trabajo medianamente aceptable que no pida un certificado de escolarización que demuestre que se tienen los conocimientos básicos, no para trabajar, sino para poder aprender todo lo que exigirá un trabajo mínimamente calificado. Salir antes de tiempo de la escuela supone caer en el riesgo de la marginación social.

Se podría recordar el caso de quienes no han ido a la escuela porque los padres decidieron que los educarían en casa (*home schooling*), pero tiene poco a ver con la situación de los adolescentes que no quieren ir, si bien algunos pueden buscar similitudes. Y es que las familias que hoy optan por la escolarización en casa se cuidan mucho de que la no asistencia a la escuela suponga un vacío en el tiempo que hay que dedicar a aprender, y programan actividades adecuadas en el hogar o en los lugares que comparten con otras familias; los hijos implicados no restan abandonados a hacer lo que quieran o a no hacer nada, si bien se juega con márgenes más amplios de libertad de horarios o de organización de las actividades. Si se trata de grupos sociales de ideología compartida, que en realidad rechazan la escuela convencional porque ellos ya tienen su propia escuela, la situación resulta en gran parte equivalente a esta "escolarización en casa".

Incluso se podrá argumentar, entre otras cosas, que en tal situación no existen las vacaciones extensas que son propias del sistema educativo.

No se trata de defender esta alternativa que, si bien puede ser exitosa en algunos casos, se enfrenta en algunos países a la legalidad vigente, pero que sobre todo puede suponer una marginación de los niños y adolescentes respecto al conjunto de la sociedad. Seguramente, los defensores añadirán que hay otros espacios que los chicos y chicas comparten con sus contemporáneos, y de hecho puede ser verdad, pero hay que tener presentes los resultados en todos los aspectos, no despreciando los estrictamente académicos, que hoy se abren a muchas ramas y piden una fundamentación que permita seguir aprendiendo para poder acceder a estudios superiores, si así se desea. De todas maneras, esta opción de la escuela en casa difícilmente se presentará en el caso de los adolescentes que rechazan ir a la escuela tras haber asistido a la misma con regularidad.

Siempre se podrán explicar los casos de grandes personajes que no fueron a la escuela, como Agatha Christie, Mozart, Pierre Curie, Lincoln, etc., pero que no dejan de ser excepciones, que pudieron suplir la escuela con una formación a cargo de tutores o de los propios padres, que les transmitieron conocimientos básicos y el deseo de aprender. Y son excepciones correspondientes a personajes excepcionales, que no pueden servir de ejemplo a seguir para todos aquellos casos donde los alumnos imponen su voluntad a los padres de no ir a la escuela, o bien estos ni se enteran de que sus hijos no van. Cuanto más degradado esté el contexto familiar, más necesaria resulta la escuela, porque no hay alternativa equivalente. Aquí tiene sentido la conocida expresión «fuera de la escuela no hay salvación».

Todas estas reflexiones no nos deben hacer olvidar que en el deseo de ir a la escuela la misma escuela tiene mucho que decir. No se trata de culpabilizar al sistema educativo de manera genérica, y así criticar la escuela con argumentos simplistas. Esto es fácil y resulta habitual advertirlo en los demagogos, pseudopedagogos, que pueden llegar a ganarse la vida o tener notoriedad pública dedicándose a criticar y condenar el sistema educativo de manera indiscriminada. Ir contra aquello que está establecido siempre produce alguna rentabilidad.

Con todo, es evidente que la escuela ha de hacer todo lo posible, sin renunciar a sus finalidades generales, para hacerse atractiva, para mostrar a los alumnos que son más escépticos que les puede ofrecer un saber que resulta útil y necesario para la vida. Sin llegar a plantearse que la escuela tenga por finalidad principal el pasarlo bien, el ser divertida, porque no es un lugar de estricto ocio, sí cabe plantearse qué hacer para resultar atractiva a las mentalidades de unos alumnos que están bombardeados por estímulos que presentan la vida como una simple cuestión de deseos y placeres. No es nada fácil educar en estos tiempos de hedonismo generalizado, de consumo excesivo, de enaltecimiento de los comportamientos que se oponen al esfuerzo, la constancia, el sacrificio... Todo esto es cierto, pero no podemos escoger otros tiempos que los vigentes; son los que nos ha tocado vivir, bastante deseables por otras muchas cosas.

En estos, nuestros tiempos, no se usará la represión y el castigo para imponer las normas de convivencia. Y esto es un gran adelanto. Pero seguimos necesitando que nuestros futuros ciudadanos adquieran hábitos que son necesarios en la vida laboral y en la vida cotidiana. Necesitamos que nuestra sociedad esté integrada por personas que respeten las normas de convivencia, que sean puntuales, cumplidores de sus obligaciones, que se sientan responsables respecto las tareas que tienen encomendadas y las lleven a la práctica de manera exitosa, que deseen mejorar sus habilidades y sus conocimientos, que tengan espíritu de superación personal, que sean capaces de compartir y colaborar... ¿para qué seguir? Todo esto se aprende en la escuela, porque hasta el final de la edad de escolarización obligatoria es la única institución que forma en todos estos aspectos, y lo hace mucho mejor que una gran parte de las familias actuales, muchas veces incapaces de hacer frente a aquello que ha sido su obligación tradicional. Se trata de la segunda socialización, la que precisamente prepara para incorporarse a la sociedad en sentido amplio. Esta es la gran justificación que todavía resta para mantener la obligatoriedad de la escuela; no queda ninguna más.

Ante el caso de un alumno que no quiere ir a la escuela y de esto hace un posicionamiento firme y prolongado, lo primero que habrá que hacer es conocer las razones de su decisión. Pueden ser diversas y cada una de ellas pedirá una respuesta específica. Un motivo puede ser el acoso que reciba por parte de los compañeros, el conocido como *bullying*, que tiene graves consecuencias para quienes lo sufren, hasta el punto de poder conducir a situaciones límite, trágicas, como es sobradamente conocido. Pero sin llegar a estos extremos, el *bullying* puede explicar que se rechace ir a la escuela donde se sufre, donde se pasa mal. Si no se afronta esta situación por parte de la propia escuela, con la participación activa de las familias implicadas, el problema no se resolverá. A la escuela se desea ir cuando se advierte su utilidad y se vive un clima agradable. Encontrarse con los amigos y compañeros puede ser el principal motivo, por ejemplo, de desear que acaben unas largas vacaciones que los mantienen separados.

Otra posible causa de rechazo a la escuela pueden ser unas malas relaciones con algún docente. El tema es igualmente delicado, y en cada caso habrá que conocer el origen de la situación creada. Al margen de la responsabilidad que pueda tener uno u otro interlocutor, en principio, una vez identificada la situación, habrá que afrontarla y buscar las medidas que puedan revertirla. Solamente si esto se manifestara realmente imposible, se debería llegar a plantear un cambio de grupo e incluso un cambio de escuela. Esto no quiere decir que se deba considerar culpable a la escuela o al docente, ni tampoco forzosamente al alumno implicado; esto de la culpabilidad es siempre complicado de atribuirla a alguien, pero, sin necesidad de atribuir culpabilizaciones, la solución deberá aplicarse pensando en las implicaciones negativas que afectarán directamente al alumno, por lo tanto, convendrá priorizar su bien futuro. Con todo, es lógico señalar que los profesionales de la educación tendrán siempre una responsabilidad mayor a la hora de buscar las soluciones; les corresponde por trabajo y preparación.

Otro tipo de alumnos que pueden rechazar ir a la escuela son aquellos de altas capacidades, que constatan cómo la escuela no satisface sus deseos de aprender. Entonces se pueden dedicar a entorpecer el desarrollo habitual de las actividades escolares, cuando no se cierran en sí mismos, aislándose del mundo escolar que los rodea. Sin duda, hay casos de este tipo, aunque no son muy abundantes, menos de los que los padres sobrevaloradores de las capacidades de sus hijos suelen explicar. Pero cuando se plantean, la escuela ha de procurar darles respuesta mediante la posibilidad de realizar actividades diferenciadas, implicando al sujeto capaz en la ayuda a los otros compañeros que lo necesiten, permitiendo la materialización de ciertas inquietudes, etc.

También puede resultar aconsejable la escolarización, si resulta factible a la familia, en centros que atienen específicamente a los alumnos de altas capacidades. Hay organizaciones de padres que orientan hacia esta solución, convencidos de que la escuela ordinaria no puede o no quiere atender a los alumnos que sobresalen del resto. Desde un punto de vista pedagógico, esta no puede ser una solución condenable de entrada, aunque siempre será vista con fuertes reticencias por algunos sectores sociales y pedagógicos, que inmediatamente hablarán de elitismo, de selección social, etc. La alternativa, si se quiere analizar fríamente, tiene varias caras que no se pueden eludir mediante análisis simplistas.

Una escuela donde todos los alumnos tienen capacidades elevadas exige de entrada a los docentes que den respuesta generalizada a sus exigencias, de forma que la supuesta afirmación de que un alumno concreto "se aburre" no tendrá cabida. Sin duda, habrá un nivel de exigencia más elevado en los aprendizajes, que puede canalizar las inquietudes y posibilidades de los alumnos más capaces. En tales centros también habrá diversidad, lógicamente, y los alumnos que proceden de escuelas ordinarias podrán constatar que allá no "van sobrados", que hay compañeros que saben más que ellos, etc. Porque las capacidades, finalmente, siempre tienen grados y, por lo tanto, siempre se pueden encontrar compañeros que superan las propias. Es ahora el momento de recordar aquel principio, hoy ya clásico, y que generalizó Howard Gardner, de las inteligencias múltiples, según el cual se puede destacar en algún aspecto concreto –hay que decir que hay sujetos que destacan en más de uno– mientras se resta dentro de los llamados "márgenes de la normalidad" en los otros. Es decir, los sujetos con altas capacidades en todo son más bien escasos.

Pero el grupo de los alumnos que primero saldría en un debate sobre la necesidad o no de seguir manteniendo la obligatoriedad de ir a la escuela a partir de una cierta edad sería aquel que integra a los "no motivados", quienes no manifiestan interés para aprender en el contexto escolar, y prefieren estar en la calle o en lugares donde se encuentran con otros sujetos que comparten su misma actitud respecto a la escuela. Y podemos incluir aquí aquellos que no quieren levantarse de la cama de buena mañana para ir a la escuela, y que no tienen unos padres que se impongan a la situación y que consienten la decisión filial; esto no es ninguna suposición, se pueden aportar ejemplos concretos al respecto. Se trata de padres y madres que por razones diversas han dimitido de ejercer su autoridad, frente a la voluntad muchas veces caprichosa de sus hijos. Seguramente es a este colectivo de alumnos al que más fácilmente algunos aceptarían la alternativa de no ir a la escuela, porque allá no hacen nada positivo y más bien impiden las actividades normalizadas de los otros. Y, por otro lado, son quienes más tienen que perder abandonando la escuela o el instituto.

No hay soluciones mágicas para esta situación. La simple imposición puede resultar ineficaz e, incluso, contraproducente; las palabras pueden resultar inútiles... ¿Son casos perdidos? ¿Estos alumnos deben quedar abandonados a su suerte y pensar que quizás más adelante ellos mismos ya advertirán que se han equivocado, y querrán volver al sistema educativo por vías específicas? Puede ser que así ocurra con algunos, siempre se podrán mencionar ejemplos al respecto. Pero ¿hay garantías de que esto sucederá en todos los casos? Insistimos que cada caso merecerá una solución específica, pero también se puede pensar en algunos criterios generales.

La primera medida pasa por hacer efectiva la asistencia a la escuela después de un acuerdo establecido entre la familia y el centro, además del propio alumno/a, donde se han podido debatir los argumentos de unos y otros. De entrada, seguramente habrá que establecer algún tipo de plan personalizado, que permita una nueva integración institucional progresiva, pactando algunas cuestiones que salven la situación de rechazo total a asistir a la escuela. Difícilmente se salvarán todos los muebles, pero vale la pena sacrificar alguno en beneficio del conjunto, y no cerrar las puertas a aquel futuro que puede reconducir la vida personal. Esto pensando siempre que se trata de una situación extrema, a la cual habría que procurar no llegar nunca. Estas situaciones extremas siempre son el final de un proceso que muestra indicadores que hay que atender en el mismo momento que se producen, precisamente para que no se llegue a los extremos irreversibles.

Si ahora recordamos la anécdota con que se iniciaba este tema, resulta evidente que no se puede dejar pasar, como si nada, que unos alumnos salten el muro de la escuela y marchen donde quieran. Esto puede ser un primer indicio de lo que puede llegar a suceder después. Si la fuga todavía no es algo habitual, será más fácil poner remedio que si arraiga como hábito. Por eso, aquel hecho no puede ser considerado como estricta responsabilidad de la policía local, la cual no entrará en un análisis de causas y todavía menos de soluciones. Todo esto sin ahondar en posibles responsabilidades legales del centro escolar respecto unos alumnos que tendrían que estar en su recinto a unas ciertas horas.

El sistema educativo y escuelas concretas pueden tener defectos y limitaciones. Siempre se deberá trabajar para mejorar y adaptarse a los tiempos vigentes, como se hace en el conjunto de los sistemas sociales, pero sin él, las posibilidades de los sectores más débiles de la sociedad todavía serían más exiguas. La escuela sigue siendo la forjadora de futuro más importante para quienes no tienen muchas alternativas. Las familias acomodadas siempre podrán encontrar alternativas cercanas o lejanas a una escolarización deficiente o inexistente, pero esto no es factible para todo el mundo.

Se recuerda a menudo que hoy hay más información fuera de la escuela que dentro, que corresponde al pasado aquel principio que solamente en la escuela se aprendía, porque la escuela ya no monopoliza el saber. Y es cierto. La información fluye por las redes sociales, las fuentes informativas son múltiples y de fácil acceso; en internet se puede encontrar casi todo, sin duda. Pero no todo el mundo se beneficia igual de todas estas posibilidades, y es que hace falta una información de base, unos conocimientos fundamentales que permitan después aprovechar las otras informaciones. Quien más sabe más aprovecha las oportunidades de saber. Es un principio pedagógico fundamental que los nuevos saberes solamente toman significación –aquello que se conoce como "aprendizaje significativo"– cuando se pueden vincular con saberes anteriores bien asimilados. ¿Qué pasa, pues, cuando no hay estos saberes anteriores bien asimilados? Ocurre que no se comprenden los nuevos o se captan de manera insuficiente o inadecuada..., y no se consolidan; eso si, de entrada, llegan a interesar.

Vivimos una época donde la información fluye por todas partes, pero solamente en las instituciones del sistema educativo, sean formales o no formales, esta información se organiza, se estructura, se gradúa por niveles de dificultad, se adapta a las posibilidades y necesidades de los sujetos que aprenden, se evalúa, se refuerza; de este modo, se puede convertir en auténtico conocimiento. De nuevo, llegamos a la misma conclusión señalada antes: fuera de la escuela (entendida en sentido amplio) la posibilidad de formarse de manera estructurada resulta altamente dificultosa. La escuela sigue siendo necesaria tanto para socializar como para aprender lo que es importante, y así, poder seguir aprendiendo a lo largo de la vida.

Si volvemos al punto inicial, todavía nos podríamos preguntar si esta necesidad de la escuela, que se traduce en la obligatoriedad legal de asistir, debe llegar hasta los 14 años, los 16, los 18... La realidad mundial señala que la edad escolar se ha ido alargando progresivamente. Los países más avanzados son los que la tienen más prolongada. ¿Se justifica esto? Sin duda se pueden encontrar argumentos de peso para defender una escolarización obligatoria para todos hasta los 17-18 años. Tanto es así que el porcentaje de alumnos que siguen estudios de secundaria postobligatoria se convierte en un indicador de calidad del sistema educativo.

La Unión Europea considera abandono escolar prematuro los casos que teniendo entre 20 y 24 años solo se dispone de la enseñanza secundaria obligatoria (ESO), y ya se fijó como meta para el año 2020 que el 85% de la población escolar tuviera estudios postobligatorios. De hecho, es una forma de pedir la prolongación de la escolaridad obligatoria. Y si una gran mayoría de la población juvenil tiene estudios postobligatorios, ¿cómo quedan los que no forman parte de este grupo? No es difícil suponer que formarán parte de los sectores más débiles de la sociedad, y que sus expectativas de futuro estarán altamente condicionadas. Entonces, ¿cómo quedarán los alumnos que ni siquiera terminan la escolaridad obligatoria y dejan la escuela a los 14-15 años? Sobran más comentarios al respecto.

Una escolaridad obligatoria prolongada no es simplemente una medida demostrativa de opulencia por parte de las sociedades desarrolladas, aunque también se pueda considerar así el retraso en la incorporación al mundo laboral. Pero no se puede negar que la complejidad del mundo actual demanda cada vez más formación para interpretarlo y abrirse camino en él, y esa formación deberá continuar a lo largo de toda la vida. Pero las etapas primeras resultan fundamentales, por lo que ya se ha dicho de poner las bases de los aprendizajes posteriores. Podríamos hacer el correspondiente paralelismo con los profesionales cualificados. ¿Quién podrá seguir progresando en su profesión gracias a la formación continuada? Pues quienes tengan un buen dominio de los conocimientos y las técnicas fundamentales y vigentes hasta ese momento; quien tenga carencias al respecto difícilmente mejorará con nuevos aprendizajes.

Se debe insistir que cada caso puede ser un mundo, que no hay soluciones válidas para todos, pero permitir el abandono de la escuela sin alternativas que permitan reconducir una situación de conflicto, desánimo o simple comodidad, supone un riesgo muy elevado de marginación social posterior. El sistema educativo debe invertir más esfuerzos en quienes tienen más necesidades, y encontrar alternativas que mantengan la formación en una edad donde esta debe ser la principal preocupación.

3

La satisfacción por el trabajo bien hecho

Ya era la hora de entrar en el aula para dar mi clase en la Universidad Autónoma de Barcelona. El profesor anterior aún estaba dentro, alargando su hora unos cuantos minutos más. Por fin salió, sonriente; me saluda cordialmente, puesto que éramos colegas de la Facultad. Le comento que parece contento, que se le ve satisfecho de la clase realizada, que incluso la ha alargado unos minutos más. Me responde que en efecto está satisfecho de cómo le ha ido la clase, que se encontraba muy ágil de palabra y de ideas, en fin, que estaba satisfecho de su actividad. Mi pregunta –reconozco que un tanto capciosa– fue referente a si los alumnos habían aprendido mucho. «No lo sé –me respondió– ese es su problema».

La anécdota, por demás totalmente verídica, da margen para muchos comentarios y reflexiones. La primera es esta posible separación entre las responsabilidades que puedan corresponder a los docentes y las que puedan corresponder a los alumnos con respecto al aprendizaje. Y al respecto me viene inmediatamente a la memoria aquella afirmación que pronunció un día un profesor que tuve cuando estudiaba Pedagogía: "si el alumno no aprendió, el maestro no enseñó", que creo constituye una gran verdad, lo que no supone culpabilidad absoluta para el docente cuando el alumno no aprende, del mismo modo que, cuando un enfermo no se cura, tampoco deba ser forzosamente culpa del médico; pero enseñar y curar son verbos transitivos, es decir, que debe haber alguien que aprenda y se cure.

Ahora bien, del mismo modo que nadie entendería que un médico dijera que el curarse es responsabilidad exclusiva del enfermo, aunque la voluntad de hacerlo es muy importante para conseguirlo, igualmente habrá que decir que atribuir exclusivamente al alumno la responsabilidad de aprender resulta inadecuado, y supone una clara renuncia a la responsabilidad profesional, que a todo docente corresponde frente a los alumnos tocados en suerte o con no tanta suerte. Parece evidente que hay que distinguir entre responsabilidad y culpabilidad a la hora de una actuación profesionalizada.

Un profesional se caracteriza porque es capaz de identificar y resolver problemas correspondientes a su ámbito de actuación, y esto lo hace aplicando conocimientos, técnicas y habilidades personales, además de respetar las normas que son propias de la deontología profesional correspondiente. Cuando así se actúa, la responsabilidad resta a salvo; cuando no se actúa de tal modo, se puede hablar de irresponsabilidad y, en su caso, de culpabilidad si se producen resultados negativos. En ningún caso cabrá esperar una eficacia del cien por cien en los resultados, y menos aún cuando se trata de actuaciones en el ámbito humano y social. Las actuaciones profesionales no son inapelables, de resultados absolutamente previsibles, puesto que entran en juego variables que el profesional no puede controlar directamente; si realmente hay variables que se pueden controlar profesionalmente, entonces estamos ante una parte de las exigencias del actuar profesional. Unos ejemplos pueden ayudar a explicitar mejor lo que se pretende decir.

Siguiendo con el símil de sanidad, podríamos poner el caso de un médico que receta un medicamento a un enfermo frente al cual es alérgico y le puede provocar complicaciones. Si no hay antecedentes ni informaciones previas al respecto, es evidente que no se le puede exigir responsabilidad al médico en cuestión, pero si en el expediente hay antecedentes al respecto y no son revisados con la información disponible, y podríamos añadir, no es consultado el propio paciente por si conoce su alergia, se podría hablar de negligencia o de no realizar bien la tarea profesional. De manera similar, si se hace una propuesta de aprendizaje a algún alumno en la enseñanza obligatoria sin considerar unos síntomas de que pueda tener una dificultad importante, por ejemplo, una dislexia, también deberíamos hablar de una inadecuada actuación personalizada. En definitiva, el sentido común debe estar siempre presente en las actuaciones profesionales, y a su lado el compromiso de entender que hay que poner todos los medios y atención necesarios para conseguir los objetivos propuestos en los destinatarios.

El resumen es que los profesionales docentes –y educadores– debemos preocuparnos de poner todos los medios a nuestro alcance para que nuestros alumnos aprendan, y bajo este rótulo entra la adquisición de conocimientos, pero también de habilidades y actitudes, sin por ello sentirnos culpables cuando no lo conseguimos. No controlamos todas las variables que entran en juego, pero hay que preocuparse de conocer y controlar el mayor número posible. Un ejemplo puede ser la actitud hacia el aprendizaje. Unos comentarios al respecto.

Es en general aceptado que una actitud positiva hacia el aprendizaje es un requisito inicial que lo facilita claramente. Hay autores, sin embargo, que discuten la necesidad de esta actitud positiva, defendiendo que se puede aprender aunque no te guste hacerlo, incluso aunque no lo quieras, pero entonces estamos ante aprendizajes totalmente impuestos, por los medios que sea, incluyendo el castigo. Tristes ejemplos podríamos encontrar que avalen esta posición. Lo que no se suele comentar en esos casos es cuánto tiempo durarán los aprendizajes una vez termine la presión ejercida sobre ellos, ni tampoco el malestar personal que esto supone para el aprendiz.

Si la motivación es un requisito importante para el aprendizaje, habrá que tenerlo presente tanto en la planificación como en el propio quehacer de la docencia, como una parte más de la actuación profesionalizada. Quizá no todo el mundo lo debe considerar así, pensando que la responsabilidad es del aprendiz, aunque tal vez añadirían: a excepción quizás de los más pequeños. Y, ciertamente, no se aplican los mismos planteamientos respecto a la motivación para un aprendizaje obligatorio que para uno voluntario, cuando ya estamos ante alumnos mayores de edad, por ejemplo. Pero si la motivación sigue siendo elemento necesario lo será en todos los casos, incluso si se trata de unos estudios universitarios de postgrado o de formación permanente. La diferencia clave residirá en la forma de motivar, en los argumentos empleados en cada caso. Después volveremos sobre esta cuestión; ahora centraremos la atención en los docentes.

¿Es algo exagerado pedir a un profesional que esté motivado respecto a su trabajo? Si no lo está, ¿realmente lo realizará de manera óptima? ¿La falta de motivación hacia el trabajo no influye en su calidad? No es necesario recurrir a la tan mencionada vocación para señalar que socialmente existe el convencimiento de que el compromiso hacia el trabajo, más si este tiene un carácter profesional con incidencia social, es una exigencia que tiene efectos positivos en su calidad; esto sin entrar ahora en lo que respecta a la misma calidad de vida del profesional en cuestión.

Son bien conocidas las consecuencias de trabajar sin motivación, que es también una forma de decir que no te gusta el trabajo que haces. Se podrá argumentar que hay mucha gente que hace trabajos que no le gustan. Así es en efecto, pero entonces se puede advertir cómo viven su situación personal y laboral, y cuál es el nivel de calidad que tiene el trabajo en cuestión. Admitamos, sin embargo, que ciertos trabajos pueden ser realizadas de manera aceptable sin compromiso personal, sin motivación para hacerlos. Puestos a buscar ejemplos podemos encontrar tareas mecánicas, donde la acción no va dirigida directamente sobre personas, que se materializan en estas condiciones; y dejaremos de lado las vivencias personales de quien las realiza, que forzosamente serán tristes. ¿Y si el profesional trata con personas? ¿Y si además de tratar con personas resulta que tiene la educación como actividad profesional? Resultará fácil considerar que lo que es conveniente para cualquier profesional respecto a su vinculación con el trabajo aquí todavía lo es con mayor razón. ¿Por qué con más razón? Pues porque el trabajo realizado consiste, en parte, en erigirse como modelo ante los educandos, en mayor medida cuanto más jóvenes son los mismos, pero la exigencia se mantiene en todos los casos. La pregunta es clara: ¿si el docente no manifiesta compromiso personal, motivación, en definitiva, hacia la docencia, conseguirá que sus alumnos se motiven por aprender? Siempre habrá alumnos que tienen una fuerte motivación para aprender, surgida por causas diversas, y que superarán la posible constatación de falta de motivación en sus docentes, pero difícilmente surgirá esta misma motivación en alumnos que no la puedan adquirir fuera del contexto de aprendizaje.

Si antes hablábamos de la necesidad de aplicar acciones profesionalizadas para despertar la motivación hacia el aprendizaje, especialmente en aquellos que no la tienen de inicio, hay que decir que la manifestación de motivación hacia la docencia, hacia la profesión ejercida en este campo, es la primera de estas estrategias que pueden conseguir despertar la motivación discente. Y no es baladí que en la actuación profesional obtenga satisfacción –como la del docente de la anécdota–, porque esto es una forma de manifestar compromiso hacia el trabajo y de ejercer de modelo a imitar. La satisfacción, la distensión, la alegría manifestada por el docente tienen efectos contagiosos, y así se ponen las condiciones para conseguir más fácilmente las metas de aprendizaje y educativas en general. Preocuparse por obtener la propia satisfacción personal en el ejercicio de la actividad docente no solo es saludable para el propio docente, sino también para los alumnos implicados. En esto tenemos que felicitar al docente de nuestra anécdota, que salía plenamente satisfecho de su actuación en el aula. Pero solamente con la satisfacción personal, siendo muy importante, no se cubren todas las exigencias de la actuación profesionalizada.

Lo he hecho en algunas ocasiones. Ante un público de docentes he preguntado qué técnicas utilizaban para motivar a sus alumnos hacia el aprendizaje, y en general se producía un silencio como respuesta. Después, cuando decía algunas advertían que no les eran extrañas. Por ejemplo, podríamos hablar de anunciar claramente qué metas se esperan obtener, poner ejemplos cercanos a la realidad de los alumnos, mostrar la aplicabilidad de los conocimientos que se proponen, utilizar recursos tecnológicos de uso habitual en la vida cotidiana, intercalar en las informaciones preguntas reflexivas, pedir la opinión a los propios alumnos sobre la temática tratada, vincular los aprendizajes nuevos con otros ya tratados y dominados, introducir anécdotas en las informaciones, etc. Todo esto ayuda a centrar la atención en lo que se está aprendiendo, sin que resulte de eficacia inapelable, por supuesto. La cuestión es aplicar estas técnicas de manera sistemática, al tiempo que mostrar compromiso personal hacia la actividad docente y educativa desarrollada.

Cuando se decía que la motivación es necesaria pero no suficiente, y esto se vinculaba con la despreocupación manifestada por nuestro protagonista de la anécdota, es porque la profesión docente supone organizar el conjunto de elementos que inciden sobre el aprendizaje y mantener el control sobre ellos para ver su nivel de eficacia. Nada diferente a cómo actúa cualquier otro profesional, que pone en marcha una actuación y debe verificar en todo momento si consigue los objetivos propuestos, sea un médico, un ingeniero, un arquitecto, un psicólogo, un economista... Este control del proceso, digamos evaluación continua en nuestro caso, permite introducir las modificaciones pertinentes, si se advierte que no se va por el camino deseado; todo ello a sabiendas de que las acciones educativas no son de eficacia indiscutible y que muchas circunstancias no se pueden controlar o modificar. Pero siempre se mantiene la exigencia de intentarlo y hacerlo con argumentaciones profesionales, con razones de peso profesional.

Salir de las aulas, de los centros educativos, con la satisfacción de haber actuado bien, es sin duda un primer indicador de compromiso con el trabajo, y una forma de proyectar optimismo y confianza en los alumnos, del nivel que sea. Pero la satisfacción plena ha de venir después de constatar que hemos actuado de manera responsable en todo el proceso educativo, y que sabemos por dónde van los aprendizajes de nuestros alumnos.

4

La presencia en el aula no es suficiente

Como hacía habitualmente en mi docencia en la Universidad Autónoma de Barcelona, comenté las respuestas dadas a la última prueba de una de las asignaturas que impartía, tanto las que eran correctas, incluso originales, y las que no eran correctas, sin dar ningún nombre de alumno, naturalmente. Tras devolver las pruebas calificadas a los alumnos correspondientes, señalé los días y horas que estaría en mi despacho para atender los posibles comentarios o reclamaciones a la calificación otorgada. Entre las visitas que recibí hubo la de una chica que me dijo sorprendida: "No entiendo cómo me ha suspendido, yo he ido a clase todos los días".

En mis estudios universitarios tuve un profesor que usaba una aguda ironía, aunque a veces bordeaba el sarcasmo. Este profesor un día ya nos avanzó que no se nos ocurriera ir a reclamarle una nota bajo el argumento que habíamos ido a clase de manera habitual porque, añadió, los bancos también estaban cada día en clase y no aprendían nada. Esta anécdota me vino a la mente cuando mi alumna me argumentó su asistencia habitual a mis clases, pero resistí la tentación de responder con la misma expresión que recordaba de aquel profesor mío, y le intenté argumentar que la asistencia a clase suele ser un requisito necesario para muchos aprendizajes, pero no suficiente.

Hasta no hace muchos años ha existido una opinión generalizada de que para aprender de manera adecuada hace falta la presencia directa de un docente ante el alumno o los alumnos correspondientes. Esta enseñanza "cara a cara" se puede considerar la más generalizada en la historia de la humanidad, y está plenamente justificada, entre otros motivos, porque incluye la posibilidad de la imitación de quien ejerce como docente; así se ha aprendido a hablar, a andar, a trabajar, a comportarse en general. Pero desde el mismo momento que surge el lenguaje escrito hay una parte de los aprendizajes que ya no necesitan de una persona que verbalice las informaciones; estas están presentes en el lenguaje escrito y se pueden adquirir, se pueden aprender, simplemente leyendo. Podemos imaginar, por ejemplo, cuántas cosas se podían aprender accediendo a los documentos archivados en la gran biblioteca de Alejandría, creada el siglo III antes de Cristo. Y todos los otros ejemplos que se podrían citar de todas las partes del mundo. Podríamos afirmar que una vez se sabe leer ya hay posibilidades reales de aprender muchas cosas que tienen base lingüística.

Los aprendizajes que piden aplicación necesitan de modelos previos, modelos que habitualmente los proporcionan quienes ejercen como docentes en aquella actividad concreta, como ha sucedido tradicionalmente con los aprendizajes laborales, pero también en otras actividades de la vida cotidiana. La imagen fija (dibujo, pintura, fotografía, imágenes impresas...) puede suplir en algunos casos esta presencia directa del modelo humano, y aún tiene mayor potencialidad didáctica la imagen en movimiento, que se puede acompañar de sonido, de textos escritos, etc. Hoy muchas cosas se pueden aprender mediante un vídeo, un "demo"... Esto sin olvidar que la práctica personal para consolidar un aprendizaje de "saber hacer" siempre será necesaria, se aprenda con un docente delante o sin él.

Durante mucho tiempo, y todavía ahora, se distingue entre la enseñanza llamada "presencial" y la "no presencial", también calificada como "a distancia". Esta segunda, hasta la generalización del uso de la tecnología informática, se calificaba en función del medio prioritario que se utilizaba; así se hablaba de enseñanza por correspondencia, cuando el medio era básicamente unos textos que llegaban al alumno mediante el correo ordinario; enseñanza por radio, cuando el mensaje fundamental era transmitido por las ondas radiofónicas; enseñanza por televisión, cuando era este medio el que sustituía las sesiones habituales del aula; y todas las combinaciones que pudieran haber entre estos sistemas. Los textos escritos, hay que recordarlo, siempre estaban presentes en programas de aprendizaje formal, del mismo modo que siempre han estado presentes en la enseñanza presencial en las aulas.

La introducción progresiva de la tecnología informática, con todo lo que comporta de combinación de medios, inmediatez del mensaje, posibilidad de interacción entre el docente y los alumnos y de estos entre sí, etc. ha roto aquella radical diferenciación entre enseñanza presencial y no presencial, quedando ahora limitadas a la compartición o no de un mismo espacio físico (aula, taller) en el momento en que se produce el proceso de enseñanza-aprendizaje. Y la pregunta que inevitablemente se nos plantea ante la nueva situación es si se justifica en función de esta sola variable la diferenciación entre estos sistemas didácticos. La respuesta no resulta sencilla, pero sí ha quedado evidenciado que las diferencias entre una y otra modalidad didáctica se han reducido considerablemente, de aquí que se pueda hablar de opciones más o menos distantes en el proceso didáctico, sin que este calificativo se pueda aplicar estrictamente al contexto espacial; resulta ilustrativo al respeto que una universidad a distancia de Cataluña (UOC) se publicite como "la universidad sin distancias".

Lejos quedan algunos debates surgidos durante los años setenta y ochenta del siglo pasado, en pleno auge de la educación a distancia, gracias a la proliferación de universidades e instituciones de índole diversa que adoptaban esta modalidad didáctica de manera exclusiva o preponderante. Las acusaciones de dificultad de interacción rápida entre docentes y alumnos se han diluido definitivamente, y las dificultades de flexibilidad y actualización de los contenidos han quedado vinculadas a la voluntad de actuación de los gestores de los programas, que ya disponen de mecanismos ágiles para introducir cambios con mucha rapidez. Incluso la clásica objeción de considerar que la educación a distancia no hacía posible la interacción entre los mismos alumnos y la realización de tareas en grupo, ha quedado superada ante las posibilidades que ofrecen las redes sociales vinculadas al sistema formativo. Solo resta como diferencia, por tanto, la relación "cara a cara" que ofrecen las aulas en comparación con un sistema a distancia que no contemplara esta relación de manera habitual.

Estas reflexiones no nos alejan de las que queremos comentar a raíz de la anécdota aportada. La anécdota se situaba en la enseñanza universitaria, pero se podría situar también en los niveles inferiores del sistema educativo. Si existe la posibilidad del aprendizaje sin la asistencia a las aulas también se tiene que aprender asistiendo, lógicamente. Pero esta lógica pide algunas consideraciones.

El método docente que se utiliza todavía en muchas aulas universitarios es el heredero del método medieval, en el cual el docente leía y comentaba un texto procedente de un libro básico, que no restaba a disposición de los alumnos, quienes debían copiarlo para después memorizarlo de cara a los debates y a los exámenes. Por lo tanto, además de las exposiciones orales recibidas, los alumnos debían estudiar fuera de las aulas; con la asistencia a las clases no había suficiente. Hoy todavía podríamos encontrar profesores que utilizan un material informativo que no ponen a disposición de sus alumnos, los cuales deben tomar notas durante las exposiciones verbales para después convertir los apuntes en la fuente de estudio. Y esto no ocurre solamente en la enseñanza superior; también se puede encontrar en algunas asignaturas de la enseñanza media.

La imprenta y los sistemas de reproducción de textos deberían haber acabado con la necesidad de tomar apuntes de las informaciones básicas que hay que aprender —otra cosa son las notas sobre los debates, ejemplos, etc., que el docente dé en el aula—, pero lo que sigue teniendo plena vigencia es la necesidad de disponer de una o más fuentes que contengan las informaciones objeto de aprendizaje. Y estas fuentes tienen que ser básicamente textuales, a las que se accede mediante la lectura, si bien también se pueden hacer necesarias fuentes de cariz audiovisual, para mostrar contenidos no meramente conceptuales. Todo esto es lo que en la enseñanza primaria y secundaria constituyen los llamados "libros de texto", de variada diversidad, pero que responden a la necesidad de ser apoyo de informaciones, guía de trabajo, actividades para realizar y evaluar, etc., sean textos impresos en papel, sean textos digitalizados en soportes tecnológicos.

Lo que hay de común en toda esta situación es que escuchar y recibir informaciones verbales no resulta suficiente para consolidar aprendizajes. Si son aprendizajes conceptuales, necesitan lectura reflexiva, y si son aprendizajes de proceso, aplicativos, necesitan realizaciones personales o colectivas. Si los docentes se limitan a repetir de palabra aquello que hay en los textos o materiales didácticos, son las exposiciones verbales las que no resultan necesarias para superar una asignatura universitaria, por ejemplo.

Así se explica que muchos alumnos decidan no asistir en las clases y estudiar el texto/manual que saben es fundamental en la asignatura en cuestión.

Las clases presenciales se justifican y se hacen necesarias cuando son realmente un valor añadido, muestran una perspectiva de la asignatura que no está en los materiales de referencia de la misma. De hecho, todos los docentes del sistema presencial de enseñanza dan por sentado que el alumno hará algo más que asistir a las clases para aprender aquello que se propone en cada asignatura. Los alumnos aprenden pronto que han "de estudiar" para superar las pruebas de evaluación correspondientes, donde se verificará la adquisición de sus aprendizajes.

Se podrá decir que esto pasa porque se tiene una concepción tradicional de la enseñanza, donde lo importante es poner a prueba la capacidad de memorización de los alumnos. Pero hacer esta afirmación supone desconocer lo que significa realmente aprender. Porque el aprendizaje es algo personal, individual y, por lo tanto, adaptado a las características de cada sujeto. Podemos aprender junto a los otros, podemos aprender con la ayuda de los otros, pero en último término aprendemos cada uno y para ello se necesita un tiempo, un espacio, un ritmo apropiado a las propias características. Aprender supone comprender, y para comprender se tiene que interiorizar información de manera reflexiva, vinculándola con la que ya tenemos. Y si se trata de saber hacer cosas, las tenemos que practicar, también de manera personal. Por todo esto se habla de "estilos de aprendizaje", como un conjunto de características personales que entran en juego siempre que se aprende.

La práctica nos dice, pues, que no solamente es posible aprender sin tener un docente físicamente presente, que va verbalizando las informaciones, sino que siempre es necesario disponer de espacios y momentos donde el aprendizaje se realice en solitario. ¿Esto es tan válido para la captación de informaciones como para la materialización de la socialización, que constituye un punto clave de la educación entendida en sentido amplio? ¿Se puede educar a distancia, o bien siempre hace falta la presencia del educador en un mismo tiempo y espacio que el educando para ejercer la función educativa?

En América Latina siempre se ha empleado la denominación "educación a distancia", mientras que entre nosotros ha sido más común la de "enseñanza a distancia", quizás precisamente para no entrar en la polémica de si la educación es posible que tenga lugar a distancia del educador. Pueden parecer cuestiones meramente formales, pero con el sentido profundo que desde la Pedagogía se otorga al concepto de educación, la diferenciación respecto a "enseñanza" no sería una cuestión intrascendente. No lo era en el pasado y habría que analizar cuál es la situación actual. ¿Ha eliminado la tecnología vigente los límites del pasado para poder hablar de educación con pleno derecho en las instituciones a distancia? El tema merece una cierta reflexión.

La educación tiene un alcance integral de la persona, incluyendo tanto la dimensión intelectual como la afectiva y social; la educación supone, ante todo, socialización. No se puede pensar en la educación de una persona sin relación con los otros; sería imposible, desde la adquisición del lenguaje hasta todas las restantes que se obtienen gracias a él. Y la educación es un proceso permanente, puesto que comporta perfeccionamiento y este se puede conseguir a lo largo de toda la vida, mientras las células cerebrales permitan aprender e integrar lo aprendido. Hecha esta breve disquisición, podemos retomar la pregunta sobre la pertinencia de hablar de educación tratándose de un sistema didáctico a distancia, mejor dicho, no presencial. Y lo primero que habría que considerar es la edad de los destinatarios.

Cuando un sistema didáctico no presencial se ha dirigido a niños y adolescentes siempre ha sido a modo de suplencia, ante la inexistencia de una institución (escuela) que proporcionara la necesaria dimensión socializadora que tiene que acompañar la simple instrucción; esto aparte de la socialización que proporciona la familia y el entorno de los escolarizados. Lógicamente, si la familia y el entorno proporcionara una socialización adecuada a los niños y adolescentes implicados, entonces se podría plantear si la necesaria instrucción sería posible mediante un sistema didáctico exclusivamente a distancia. Pero aun existiendo esta posibilidad, se plantea la duda sobre el logro real de una socialización que prepare efectivamente para ser ciudadano en una sociedad compleja y democrática, precisamente lo que justifica la obligatoriedad de la escolarización para el conjunto de los miembros jóvenes de la sociedad. Por eso no extrañará que quienes desean una sociedad diferente o viven al margen de ella –sean sectas, grupos o comunidades diversas– opten por la educación al margen del sistema escolar establecido (*education at home*).

Cómo se decía, los sistemas didácticos a distancia en etapas tempranas del desarrollo solo son una suplencia de la escolarización institucionalizada, y tienen viabilidad en la medida que el sujeto educando reciba la acción socializadora que necesita a través de la familia y su entorno próximo. Pero ¿qué pasa cuando se trata de sujetos adultos insertados plenamente en el contexto social en que viven? ¿Tiene lógica que en esta situación se pida a la institución que ofrece instrucción avanzada o formación profesionalizadora que se responsabilice de todas las dimensiones de la educación integral? Si la respuesta fuera positiva, equivaldría a decir que quienes no acceden a estas instituciones no llegarán nunca a disfrutar de los hitos que la educación pretende.

Un texto del autor Miguel Angel Escotet (1980), que fue vicerrector académico de la Universidad Nacional Abierta de Venezuela en sus inicios, y perfecto conocedor de la metodología a distancia, decía lo siguiente: «El aprendizaje no solo pasa en el aula, a través de los libros de texto, sino en este ecosistema físico y vivencial que se extiende desde los pasillos universitarios, la cafetería, la biblioteca, las actividades deportivas y culturales, hasta el diálogo con los profesores, el intercambio de experiencias con sus compañeros, en los reclamos pacíficos o violentos». Así es, en efecto, cuando se trata de los jóvenes universitarios que hacen del estudio su actividad principal, si no exclusiva, pero cuando se trata de jóvenes o adultos que optan por una modalidad a distancia porque están insertados en el mundo laboral y tienen responsabilidades sociales de diversa índole, los mencionados ambientes universitarios son sustituidos por otros: familia, barrio, puesto de trabajo, organizaciones sociales diversas..., que cumplen la función de la progresiva socialización que permite hablar con propiedad de educación a lo largo de la vida. Pero, además, hay que considerar que cuando se escribió aquel texto, hace ya más de cuatro décadas, no existían las redes sociales y la comunicación permanente a través de internet, que hoy son fuente indiscutible de socialización para todas las edades, pero en especial para los jóvenes.

La población eminentemente adulta a la cual se dirigen los programas a distancia, especialmente los universitarios, justifica que su preocupación principal sea la preparación cultural o profesional, y en menor medida la dimensión más socializadora a que alude la educación en su sentido integral. Podría incluso parecer ridícula la pretensión de una institución que ofrece programas a distancia el pretender socializar (educar) a unos estudiantes que ya ejercen plenamente sus derechos y deberes en la sociedad adulta. Esto no excluye, por supuesto, la programación de actividades compartidas, la realización de trabajos en equipo y la organización de encuentros colectivos, donde se pueden establecer relaciones sociales de intercambio y conocimiento mutuo; pero todo esto no se puede exigir como requisito obligado para el logro de las metas pedagógicas institucionales, sino como una posibilidad más entre las que el conjunto de la sociedad ofrece a sus miembros para avanzar en el camino del perfeccionamiento personal permanente.

Uno de los puntos que claramente ha diferenciado la enseñanza presencial de la no presencial ha sido la imposibilidad de actuación de manera improvisada en esta segunda. En las aulas, la improvisación suele ser algo habitual, tanto por exigencias de las situaciones no previstas como por carencia de preparación previa y rigurosa a cargo de los docentes. La enseñanza a distancia no permite la improvisación, porque la oferta didáctica tiene que estar elaborada previamente a través de los correspondientes materiales didácticos, de forma que el estudiante disponga de todo el necesario para su aprendizaje; solo quedarían al margen de tal preparación previa los diálogos tutoriales realizados vía teléfono, correo electrónico, redes sociales... Esta necesidad de planificación previa permitió y exigió que las instituciones de enseñanza a distancia desarrollaran modelos didácticos apropiados para sus programas y materiales, especialmente las universidades. Esto no significa que todos los materiales didácticos respondieran plenamente a los modelos adoptados por las respectivas instituciones, a veces muy complejos, pero eran una guía de referencia. Y tanto fue así que los docentes propios y ajenos que elaboraban los materiales didácticos –básicamente en forma de textos impresos– se veían obligados a formarse adecuadamente para responder a las exigencias institucionales. Todo esto siempre ha supuesto una importante dificultad para encontrar autores dispuestos y preparados para la enseñanza a distancia.

Resulta absolutamente pretencioso hacer predicciones sobre cualquier ámbito en los tiempos actuales, que no en vano son catalogados como imprevisibles. Con todo, conociendo un poco el pasado inmediato de la enseñanza a distancia y su situación actual, quizás no es demasiado arriesgado señalar que dejará de tener sentido como un sistema didáctico separado del presencial, con instituciones propias, cómo ha sucedido hasta el presente. Todas las instituciones formativas ya usan sistemas mixtos de presencialidad y distancia, con diferente peso específico de una u otra modalidad, según la naturaleza de los programas y los destinatarios. Tal situación tendrá el aspecto positivo de evitar la comparación entre ambas modalidades, así como la polémica social respecto a la validez y prestigio de las titulaciones otorgadas por ciertas instituciones a distancia. Evidentemente, las instituciones a distancia existentes manifestarán una alta resistencia a su desaparición, pero parece inevitable, cuando menos, su reconversión.

Si del nivel universitario pasamos a los restantes niveles del sistema educativo formal, la situación no varía mucho respecto a lo dicho para el primero. Las posibilidades que ofrece la tecnología actual y futura potenciarán espacios de autoformación en todos los niveles educativos, combinados con la presencialidad docente y las actividades más estrictamente socializadoras que requieren los estudiantes en fase de desarrollo. Donde la autoformación encontrará sus mayores posibilidades de ampliación será en los programas de formación continua vinculados al mundo laboral, gracias a su flexibilidad para armonizar formación y trabajo, además de la potencialidad que proporciona la simulación como estrategia didáctica.

Todas las consideraciones anteriores cobran especial significado tras la experiencia vivida en el punto álgido de la pandemia del COVID, cuando se cerraros durante un tiempo más o menos prolongado todos los centros educativos del mundo en todo el conjunto del sistema. Entonces se puso a prueba la posibilidad real de seguir aprendiendo fuera de las aulas, al mismo tiempo que se aplicaba, donde era posible, el teletrabajo. La tecnología jugó un gran papel, evidentemente, pero en los lugares donde estaba poco desarrollada o no estaba en manos de todos, fue la planificación no presencial de la enseñanza la que prevaleció, aunque fuera con recursos tradicionales, como textos, emisiones de radio, etc. La experiencia adquirida y la huella dejada en los sistemas educativos debiera hacer reconsiderar la tradición de que solamente en las aulas se aprende. Aún cabría afirmar más: solamente los alumnos que habían desarrollado hábitos de estudio personal se beneficiaron plenamente del período de enseñanza no presencial vivido.

Si volvemos a la situación que mostraba la anécdota inicial, se puede comprender que la asistencia a clase debería ser un elemento necesario en un sistema que combina enseñanza presencial y no presencial, para que el alumno tenga toda la información y las orientaciones necesarias para dominar los aprendizajes que se pretenden en cada materia y curso académico, pero no suficiente. Está claro que se necesita un tiempo de reflexión, de práctica, para adquirir las informaciones que se proponen, para reflexionar sobre ellas y tomar posicionamientos personales. Y si se trata de la enseñanza superior, se hace necesario que el alumno pueda profundizar las informaciones recibidas en las aulas e incluso contrastarlas con fuentes diversas. La alumna de la anécdota había podido disfrutar de cuanto se ofrecía en el aula, pero no le fue suficiente; faltó el aprendizaje que surge del estudio continuado y del esfuerzo que exige tal estudio en solitario.

5

No se puede dejar pasar el momento adecuado para actuar educativamente

Ya había terminado mi charla en una escuela sobre las relaciones padres-hijos planteadas desde la perspectiva educativa, cuando, como es habitual en estos casos, se dejó un tiempo para que pudieran intervenir algunos asistentes, quienes suelen proyectar las preocupaciones que viven directamente. Una madre tomó la palabra para preguntarme qué podía hacer para conseguir que su hija fuera a dormir más temprano, porque se quedaba hasta muy tarde enganchada al ordenador y al teléfono móvil. Le pregunté cuántos años tenía la hija y me respondió que casi los quince. Yo le respondí que nada, que no podía hacer nada.

Evidentemente, el diálogo con la madre de la anécdota no acabó así; acto seguido añadí un par de sugerencias para intentar ayudarla. En todo caso, la situación descrita resulta ilustrativa de la dificultad de reconducir ciertos hábitos cuando se han dejado consolidar durante demasiado tiempo. En educación también es válido el principio médico de que la mejor medicina es la prevención.

En la charla en cuestión, había hablado de las relaciones paterno-filiales haciendo referencia al amor, la autoridad, el respeto, el diálogo, el ejemplo, la obediencia... todo un conglomerado de condiciones que resultan necesarias en la educación familiar, sin que se pueda prescindir de ninguna de ellas. Y hay que empezar por la característica más definitoria de esta relación educativa: el amor de los padres por sus hijos y de estos por sus padres. Si no existe este amor, todo el resto difícilmente encajará.

La relación afectiva intensa es una característica propia de la educación familiar, que la diferencia de la profesional, aunque podamos encontrar quién pide que los maestros amen a sus alumnos. Tal demanda hay que entenderla siempre en sentido amplio y, especialmente, como una forma de oponerse a lo que podría ser la opción contraria. Ningún docente podría educar si odiara a sus alumnos. Hace falta un cierto afecto, una aceptación general para realizar una tarea educativa sobre alguien. No parece que hagan falta más explicaciones al respecto porque, una vez más, el sentido común se impondrá en estas reflexiones.

La educación que imparten los padres o equivalentes se hace, por lo tanto, desde el amor. Esto tiene implicaciones directas sobre la actuación educativa, que se traducen en comprensión de los errores, paciencia prolongada, dedicación intensa, etc.; todo necesario en un proceso que debe ser constante y permanente. Insistimos, si se diera un rechazo afectivo de un hijo, la educación familiar resultaría imposible en los términos que hay que aplicarla. En tales casos, se haría necesaria la presencia de alguno otro familiar que sintiera esta estimación y pudiera compensar la carencia de amor de los progenitores. Si solamente es uno de ellos quién carece del amor por su hijo/hija, el otro tendrá que compensar con esfuerzos renovados el gran vacío que se produzca, sin que esto garantice la superación de los problemas psicológicos derivados de tal situación, que siempre se ha de considerar una anomalía.

El amor entre padres e hijos fluye de manera natural y se mantiene, con desequilibrios propios del desarrollo personal, durante toda la vida. Este amor por parte de los padres tiene una primera consecuencia directa: la responsabilidad de cuidar de los hijos hasta que se puedan valer por ellos mismos –aquí puede haber un largo debate de cuándo sucede esto en estos tiempos, que ahora obviaremos–, cuidado que incluye la educación, además del mantenimiento material.

Desde otra perspectiva, actualmente es habitual oír expresiones como las siguientes: «Los padres han perdido la autoridad ante sus hijos», «Los hijos no tienen ningún respeto por sus padres», «Los niños de hoy ya no respetan a nadie», etc. Estas frases y otras semejantes son la manifestación clara de que hay un sentimiento social generalizado que las relaciones entre padres e hijos han cambiado sustancialmente en los últimos tiempos, y no todo parece positivo en este cambio. Muchos padres se acusan entre ellos de cómo tratan a los hijos por separado, debaten sobre quién concede más. La escuela carga contra la familia porque tiene que suplir una carencia de autoridad que lleva a un comportamiento permisivo, que alcanza todos los aspectos de la vida personal y de relación. Las familias culpan al ambiente general de la sociedad, incluyendo la escuela, por haber relajado ciertos valores tradicionales y, por lo tanto, se ven impotentes para ir a contracorriente. Todo esto se asocia a la consideración de que se ha perdido la autoridad. ¿Realmente es así? Los padres, y en parte los maestros, ¿han perdido la ascendencia natural y legal desde la cual se hace posible la educación? Para poder responder veamos primero qué es esto de la autoridad, qué tipos de autoridad hay y, lo que es más importante, cómo se debe ejercer esta autoridad para que resulte realmente útil en la educación.

Hay un primer tipo de autoridad que es la autoridad del experto. Quién no ha oído la expresión: «Es una autoridad en la materia», «Es una autoridad en materia económica, en medicina, en tratamiento de residuos...». Disfrutar de esta autoridad es un requisito para ser escuchado en cuestiones referentes a la especialidad en cuestión. Una dimensión de esta autoridad la tiene el profesorado en tanto que domina una o varias materias académicas, autoridad que resulta más decisiva cuanto más elevado sea el nivel educativo. Sin ella no es posible una enseñanza de calidad, ya desde los primeros niveles del sistema educativo.

Cabe preguntarse si hay que pedir también a los padres una autoridad equivalente o próxima a la del experto. Y en buena lógica nos surgirán muchas dudas. No podemos pedir a todos los padres que se conviertan en expertos educativos cuando esto supone una formación y la respectiva profesionalización. La consecuencia de no darse esta exigencia también tiene su riesgo: actuaciones inadecuadas que pueden ser contraproducentes para la educación de los hijos, aunque no se actúe con intencionalidad explícita y puedan derivarse de la simple ignorancia. Aquí solamente podríamos poner como referencia un ámbito paralelo y próximo al de la educación, el de la sanidad, donde está claro que en los padres son necesarios ciertos criterios de actuación para evitar accidentes y peligros a los hijos, pero no se les puede pedir que sean expertos sanitarios.

La información intergeneracional juega un importante papel al respecto, pero esta no está siempre presente ni es siempre suficiente. Entonces, toma sentido la demanda genérica de formarse para ser padres, lo cual alcanzaría varios aspectos, tanto de salud como de educación. Esta demanda no puede significar exigencias muy amplias e intensas, por puro realismo, pero tampoco se puede dejar de lado, como si educar a los hijos en los tiempos complejos que nos toca vivir se diera de forma natural y no hiciera falta nada más. Pensemos en los padres de la niña que fue objeto de la pregunta en la anécdota. Es fácil suponer que una cierta formación de los padres sobre como arraigar hábitos de alimentación, de higiene, de descanso, habrían proporcionado seguridades y recursos estratégicos para evitar la consolidación de hábitos no deseables. Esta formación básica para ejercer hoy de padres entraría en el marco general del que proclamamos como formación "a lo largo de la vida", que alcanza tanto los aspectos profesionales como los sociales propios de cada etapa evolutiva, de cada circunstancia personal y de cada momento histórico.

Los hijos no esperan en los padres la autoridad del experto en todos los ámbitos. Pronto pierden la imagen infantil de considerar a los padres como conocedores de todo, capaces de responder todas las preguntas. Con todo, un desconocimiento profundo de la vida cotidiana y un nivel cultural muy alejado del que pide la enseñanza obligatoria, por ejemplo, se puede convertir en una primera fuente de menosprecio por parte de los hijos. Cierto que esta situación puede ser inevitable para muchos padres, pero también encontraríamos otros que han iniciado proyectos de formación permanente para no alejarse mucho de la culturalización que los hijos reciben de la escuela.

No hace falta decir que esta autoridad derivada del saber, necesaria en los profesionales de la enseñanza y positiva en el supuesto de que los padres la tengan, no es suficiente por ella misma para garantizar una educación correcta. El segundo tipo de autoridad que podemos comentar es la que deriva de la norma. Son las leyes y normas que nos obligan en los diferentes ámbitos de la vida colectiva. Esta autoridad no es fruto de las cualidades personales, sino del compromiso colectivo, y obliga en la medida que su determinación ha sido el resultado de la participación, del consenso, del respeto a las minorías... en fin, de todo aquello que conforma la sociedad democrática. Una vez constituida la norma, aparecerán las personas responsables de velar por su cumplimiento, personas que entonces disfrutarán de autoridad. Se puede decir que la actitud manifestada versus tales personas será un reflejo de la actitud que se mantiene respecto la norma misma. En democracia, como se ha dicho, las normas se dictaminan con la participación, directa o indirecta, de los implicados. Cuando la norma social es impuesta sin la participación ni la opinión de los implicados nos encontramos ante alguna forma de dictadura. Y las consecuencias de la existencia de normas impuestas es que su transgresión no engendra sentimientos de culpabilidad.

Rehuyendo ahora a entrar en más detalles sobre cómo fomentar el cumplimiento de las normas sociales e institucionales, solamente advertiremos que el ejemplo por parte de los educadores resulta básico para su interiorización en los hijos y alumnos. Así nos podríamos preguntar si los padres, maestros y adultos en general somos siempre modélicos en comportamientos como la puntualidad, el respeto a la naturaleza, la conservación del mobiliario urbano, el cumplimiento de las normas de circulación…, y otros muchos ejemplos que podríamos poner. De los niños y jóvenes no podremos esperar mucho más de lo que nosotros mismos seamos capaces de ofrecer al respecto.

¿Y qué decir de la autoridad educativa, aquella que deriva de la responsabilidad natural y legal de educar? Esta autoridad la tienen los padres por principio, y la tienen los educadores profesionales por delegación de las familias y del conjunto de la sociedad. ¿Se trata de una autoridad suficiente por ella misma para poder ser aplicada en el terreno educativo? Digamos que es un requisito previo para justificar el derecho a poder intervenir en la vida presente y futura de los educandos, pero no suficiente. Su potencialidad máxima aparece cuando es reconocida por los propios educandos.

Todavía unas perspectivas más en esta temática. Tener autoridad en función de un cargo, por ejemplo, no supone ejercerla, porque muchas veces quienes tiene la autoridad renuncian a su ejercicio, sea por incapacidad, sea por comodidad, sea por imposibilidad material de hacerlo. No hay que insistir mucho en la necesidad por parte de los educadores de ejercer la autoridad mediante las acciones que corresponden, como única forma de mantener el prestigio al que acompañará el mantenimiento del respeto. Este último concepto es fundamental: el prestigio supone un reconocimiento de la capacidad para ejercer la autoridad.

La autoridad se confunde a veces con el poder, que supone la posibilidad real de imponerse. Se trata de un concepto que no suele gustar demasiado, que se vincula a menudo con la violencia, pero que también resulta necesario para aplicar la norma vigente, sea social, sea fruto de la relación educativa. Quién tiene la autoridad ha de poder ejercer el poder que en ciertos momentos se concreta con la imposición; eso sí, sin olvidar nunca el principio de justicia y de moderación, principios que se vinculan con la prudencia. Imponer a los hijos un horario para poder descansar de forma conveniente en función de la edad y el día, puede ser un ejemplo de aquello que es preciso hacer, sin vulnerar la concepción defendida de la autoridad.

La autoridad y su ejercicio también tiene sus propios peligros. Aunque resulte un tópico, tenemos que hablar en primer término de la desviación que supone el autoritarismo. El autoritarismo es la imposición de la obediencia por la fuerza, sin más argumentos que el poder que tenga el impositor, sea poder físico, poder económico o político. También suele ir ligado con decisiones arbitrarias, resultantes del simple deseo personal. Como se ha dicho tantas veces, la educación pide autoridad, pero no autoritarismo.

El autoritarismo es totalmente contrario a los principios mismos que es preciso defender en la educación, lo cual no significa carencia de imposición en ciertos momentos, especialmente con los niños pequeños, cuando todavía no es posible el razonamiento lógico ni la participación responsable en la confección de la norma. Es el momento en que se pretende fomentar los hábitos de comportamiento, por ejemplo, vestir, comer, dormir, higiene, desplazamientos, etc., todo desde el afecto, pero también desde la firmeza en su aplicación. ¿Por qué es tan negativo el autoritarismo en la educación? Pues porque el autoritarismo engendra pasividad, inmadurez, conformismo o, su contrario, agresividad, violencia. Esto ocurre cuando el cumplimiento de la norma no nace de la convicción personal de su necesidad, y entonces no se afronta con responsabilidad.

Otra posible desviación de la autoridad correctamente entendida es la rigidez, la intransigencia. La persona que ejerce la autoridad con rigidez no se pone nunca en el lugar del otro, no tiene capacidad de analizar las situaciones con flexibilidad, no analiza las variables que pueden darse en cada circunstancia. Las cosas no son blancas o negras de forma rotunda, y ser capaz de matizar, de flexibilizar la norma, es también una virtud que ha de tener el educador, sin perder por ello su autoridad. Esto supone, por ejemplo, que fijada una hora con carácter general para ir a dormir se puedan hacer excepciones algunos días, sin dejar de mantener la norma general de velar por un descanso adecuado de los niños y adolescentes.

La rigidez no está muy alejada de la desconfianza hacia el otro. El desconfiado siempre piensa en la opción más negativa de todas las posibles y siempre ve a los otros como posibles transgresores. La educación necesita confianza, que pasa por creer en la palabra y compromiso de los demás. Si se trata de los hijos, de entrada, se les debe otorgar confianza cuando hacen afirmaciones y adquieren compromisos; si la realidad desmiente la palabra dada, entonces habrá que advertir las contradicciones que esto comporta, y actuar para garantizar la aplicación de la norma, pero volviendo lo antes posible a la situación de confianza.

De la autoridad se deriva el respeto, que aquí no entenderemos como una simple formalidad en el trato –que también hay que contemplar, ciertamente– sino como una predisposición mental que permite aceptar y valorar aquello que viene de las personas respetadas. A estas personas se las escucha y su opinión tiene peso en las decisiones personales a tomar, y se aceptan sus directrices. Cuando se pierde el respeto por alguien se deja de estar en disposición de aceptar cuanto provenga de esa persona, independientemente de que tenga o no razón, que sean o no valiosas las propuestas.

El educador necesita disfrutar de respeto por parte de los educandos para que estos acepten y valoren positivamente sus acciones educativas. Si se pierde el respeto se hace imposible la educación. Pero el respeto en la educación tiene una doble dirección: va tanto del educando al educador como del educador al educando, materializado en las formas apropiadas a la edad y circunstancias. Aclarar también que respeto no significa aceptación sin más, excluyendo toda posibilidad de análisis personal; se trata de que la discrepancia no rompa la valoración positiva del otro.

Evidentemente, la autoridad se tiene que ejercer y esto supone tres grandes campos de acción: mandar, ejemplificar y sancionar. Mandar no supone otra cosa que explicitar las acciones que hay que hacer para cumplir la norma, aquella norma que regula nuestra acción en los diferentes ámbitos de la vida. Hay que mandar sin tener miedo al ejercicio de la libertad por parte de los otros, lo cual se vincula con la ya mencionada confianza en el educando. Mandar supone también cumplir las promesas hechas y mantener lo que se propone, que incluye cumplir las amenazas que se hayan formulado como advertencias sobre las posibles consecuencias del incumplimiento de la norma. Ambos aspectos son los que dan credibilidad al ejercicio de la autoridad. No hay que insistir en qué pasa cuando se amenaza a menudo y no se ejecuta nunca la amenaza.

Toda la pedagogía tiene en el ejemplo del educador el método más eficaz de educación. Se trata de aquel viejo principio de "predicar con el ejemplo". Los educadores son referencia permanente, aunque parezca que no se les hace ningún caso. Ciertamente, el ejemplo no es infalible para conseguir los propósitos educativos, pero sin el ejemplo es imposible conseguir nada. Un ejemplo que tiende a la coherencia y a la verdad como referencia permanente. Quién ejerce la autoridad debe ser siempre un fiel cumplidor de las normas que correspondan. Esto en educación es capital.

Y resta la siempre triste decisión de sancionar. Nos podríamos extender mucho en este apartado, pero ahora solamente se anunciarán los principios básicos, porque de los premios y castigos ya se habla más ampliamente en otro lugar. La sanción, el castigo, pretende reconducir la conducta desviada respecto a la norma. Por ello, se trata de vincular el castigo con la transgresión de la norma y no con la persona que lo aplica. Porque no estamos en un mundo idílico, y las personas no siempre somos congruentes con los compromisos que adquirimos y con el cumplimiento de la norma que consideramos lógica y necesaria, surge la vigilancia y la sanción como último extremo. En este marco, la sanción deja de ser simple represión para formar parte del propio proceso educativo.

Y ahora podemos volver a las preguntas iniciales sobre la autoridad de los padres (que en parte también afecta a los docentes). Sin duda muchos padres no escapan a lo que podemos considerar que es una corriente social generalizada. Me refiero a la tendencia a rehuir las situaciones que pueden dar lugar a tensiones, aquellas situaciones donde mantenerse firme supone soportar la presión del medio, en este caso de los hijos, que insistirán en sus demandas hasta que acaben con la resistencia de los padres. Los niños llegan a conocer bien el límite de resistencia de sus padres en las propias convicciones. Y encima es posible que consigan provocar en ellos un sentimiento de culpabilidad por ser intransigentes, incomprensivos, anticuados. El temor a "traumatizar" al niño se puede añadir a esta situación, para acabar de redondearla. Educar siempre ha incluido el decir NO en algún momento. Como en el pasado, hoy esto sigue vigente, con el añadido que hay que hacer más esfuerzo para aplicarlo y mantenerse firme, porque las demandas son mucho más amplias y diversas.

Ejercer la autoridad que legitima la educación comporta dar explicaciones de cuanto hacemos y proponemos; significa escuchar y dejar la puerta abierta a la revisión de la norma, cuando hay razones para hacerlo. Ejercer la autoridad significa respetar la personalidad de los hijos y de los educandos, que han de poder expresar su opinión. Pero ejercer la autoridad significa también mantener los criterios con convicción. Porque si se renuncia a su ejercicio, otro ocupará el lugar de los padres, sean los amigos, sean los medios de comunicación; esto si no son los mismos hijos que se sitúan en posición de autoridad y hacen prevalecer exclusivamente sus criterios.

¿Y si nos equivocamos? Pues lo reconocemos y rectificamos, pero con la misma convicción que antes teníamos por la posición adoptada. Cambiar de opinión no quiere decir carecer de ella. Los educadores que no se atreven a tomar partido, a mantener unos principios, por temor a equivocarse, hacen el peor favor a los educandos. Los dejan sin la posibilidad del ejemplo positivo, que es el principal método de educación moral. Si antes decíamos que el autoritarismo provoca irresponsabilidad, falta de madurez, el "dejar hacer", la falta de actuación convincente deja a los educandos sin marco de referencia y provoca angustia, inseguridad, que serán aprovechadas por otros modelos para llenar el vacío existente. Recordemos, pues, que educar exige actuar. Porque cuando no se actúa, de hecho, se favorece la intervención de los otros agentes, lo que supone aceptar implícitamente que ya estamos de acuerdo con ellos.

6

No es necesario correr...
para aprender a leer y escribir

*Nos situamos en un parvulario de finales de los años setenta. La parvu-
lista, en una entrevista para comentar cómo va nuestra hija en el centro
escolar, nos dice que sobre todo no le enseñemos a leer, porque a los cinco
años los niños no están preparados para leer; además, si algunos saben
leer y otros no se desequilibra la armonía del grupo.*
*Este criterio ha continuado durante mucho tiempo en ciertos ambientes y
centros escolares. Incluso, ya más recientemente, asistí a una conferencia
de un conocido profesor universitario de Biología, que afirmó que el cincuenta por ciento de los niños de seis años no tienen el cerebro todavía
maduro para aprender a leer y escribir.*

Es bien sabido que toda generalización es incorrecta o inadecuada.
Cuando decimos "todos" o "nadie" inmediatamente nos vemos obligados

a matizar, porque a continuación se pueden aportar casos que saldrán de la pretendida generalización. Por tanto, ahora evitaremos hacer afirmaciones de carácter universal en un ámbito, como la madurez personal, que presenta tantas diferencias interpersonales. Pero creo que ciertos criterios son perfectamente defendibles.

Tradicionalmente, la escuela ha sido el lugar donde se ha aprendido a leer, escribir y contar –nuevamente digamos que con las excepciones que se quiera, pues notables personajes históricos y literarios no fueron a la escuela–, de modo que la escuela ha sido la gran alfabetizadora de la gran mayoría de la población. Si la escolaridad empezaba a los seis años, esta era también la edad para empezar a aprender a leer y escribir. Al generalizarse una escolarización anterior a la edad obligatoria de ir a la escuela, se llame esta parvulario o escuela infantil, se llenó de actividades de socialización, de reforzamiento de la autonomía, de adquisición de hábitos y de prácticas que se denominan "pre-lectoescritura", porque se fijaba el inicio de la escolarización obligatoria como el momento de inicio de la lectoescritura propiamente dicha. Era una forma de igualar a todos en el inicio, siguiendo la tendencia general de la escolarización por grados y niveles, que facilita la organización del sistema. Las diferencias dentro de un mismo grupo de alumnos siempre ha sido un motivo de distorsión para la escuela graduada, no para la unitaria, donde la diversidad es parte evidente del aula.

Añadamos que, al generalizarse la escolarización preobligatoria, se desarrolló una pedagogía propia, muy bien estructurada y fundamentada en principios psicológicos y sociales de la primera infancia, que dieron lugar a sistemas estructurados muy conocidos, como el Montessori, el Decroly, etc. Incluso se llegó a considerar que el no inicio de la lectoescritura en esta etapa preescolar obligatoria era una expresión de progresismo pedagógico, para no forzar a los niños a realizar actividades que los superaban madurativamente y que luego se convertían en fuente de frustración. En este contexto, pues, hay que ser comprensivos con la recomendación recibida de la maestra de parvulario a finales de los años setenta; en todo caso se podría discutir la rotundidad con que hizo la recomendación, cuando en otros lugares ya se discutía su vigencia.

¿Sigue siendo válida esta posición? Puesto que el inicio de la escolaridad obligatoria permanece en los seis años, aunque está escolarizada la inmensa mayoría de nuestra población infantil desde los tres, no aparecen como objetivos curriculares obligatorios la enseñanza plena de la lectoescritura en la etapa anterior, en la llamada oficialmente "educación infantil".

Se habla, sin embargo, de la iniciación al conocimiento del código escrito "a través de palabras y frases muy significativas y usuales", así como la iniciación a la escritura "para cumplir finalidades reales". En definitiva, se considera la lectoescritura como una posibilidad de ser iniciada a los cuatro-cinco años, y que ya se consolidará en la educación primaria. La realidad es que la gran mayoría de los centros de educación infantil (preescolar) se han decidido a enseñar a leer y escribir a los niños a partir de los cinco años, e incluso antes, de modo que cuando entran en el primer curso de primaria casi todos ya dominan la lectoescritura básica.

¿Aprender tan temprano no perjudica a los niños?, se podrían preguntar los padres y el propio profesorado. Experiencias realizadas en Bélgica, Canadá, EE.UU., Francia, Italia, Japón, Suecia, y otros países, demostraron hace ya bastante tiempo la viabilidad de comenzar el aprendizaje de la lectoescritura en un momento que, convencionalmente, se denominaba como "precoz". Sería un aprendizaje precoz respecto la edad de inicio de la escolaridad obligatoria –que en algún país es a los siete años–, sin embargo, ¿es precoz respecto a las reales posibilidades de los niños de hoy? Porque las experiencias citadas no solo han demostrado la eficacia del aprendizaje de la lectoescritura a partir de los tres años, sino que han mostrado que una gran mayoría de los niños lo consiguen con facilidad y placer, independientemente de su origen social y lengua materna. En los años setenta causaron impacto al respecto las publicaciones de autores como Cohen y Dolman.

¿Cuándo un niño o una niña están maduros para aprender a leer y escribir? Aunque depende de qué concepto ahora manejamos de madurez, se puede afirmar que la madurez, entendida como la capacidad para descifrar la codificación gráfica del lenguaje, se adquiere desde el momento que se es capaz de hablar y de comprender al que habla, porque no olvidemos que el hablar es una forma de codificación, de utilización de signos y sonidos para representar objetos, deseos, situaciones. El dominio del código oral sienta las bases para el dominio del código gráfico, y ambos se basan en la convención, esto es, en un acuerdo social para representar ideas mediante signos sonoros o gráficos. Por ello se ha logrado enseñar a leer y escribir poco tiempo después de aprender a hablar, eso sí, utilizando un método "natural"; es decir, un método donde el aprendizaje toma sentido porque se realiza siempre en situaciones comprensivas e interesantes para los niños.

La cuestión clave que se vincula a la pregunta sobre cuándo empezar a leer es la que preguntaría por el método a emplear. Porque según el método utilizado el aprendizaje se convierte en una tarea tan arbitraria y dura que necesita mucha más madurez por parte del niño para lograr aprender con él. Y nos podemos seguir preguntando si vale la pena "amargar" la vida tan pronto a los niños, si no es preferible que jueguen antes de los cinco o seis años en vez de "martirizarlos" con la lectoescritura. Planteadas así las cosas, evidentemente que no hay que martirizar a los niños con ciertos aprendizajes, la cuestión está en que la lectoescritura sea una actividad atractiva y útil para los propios niños, al igual que lo es el aprendizaje de la lengua oral. Cuando ellos mismos tienen esta percepción, piden aprender a leer y escribir y toman la iniciativa, aprendiendo de manera espontánea. Y más si disponen de herramientas tecnológicas actualmente tan habituales en sus manos.

La lectura y la escritura no son más que otra manera de comunicarse con los demás, y para comunicarse hay que estar interesado en ello, hay que sentir la necesidad de decir y de captar. Por otro lado, la lectoescritura no tiene que ser una actividad opuesta al juego, ya que puede ser planteada como un aprendizaje agradable y lúdico. Eso sí, dado que en el lenguaje escrito hay un mayor grado de formalización que en el lenguaje oral, su adquisición pide también de un aprendizaje más formalizado y sostenido en el tiempo.

La escritura añade un elemento nuevo a tener en cuenta, el de la habilidad manual necesaria para poder utilizar con soltura el instrumento concreto con el que se va a escribir. Si solo se piensa en la escritura manual mediante un lápiz o instrumento similar, resulta que hace falta un nivel de madurez psicomotriz que se consigue mucho más tardíamente que la misma capacidad mental para conocer y utilizar el código gráfico. Pero se puede empezar a escribir con otros instrumentos de manipulación más simple, sin olvidar las posibilidades que ahora tenemos gracias a las máquinas, ¿o acaso en el mundo laboral no se escribe habitualmente con un teclado?

Los niños son capaces de escribir pulsando teclas con un dedo o pegando letras adhesivas o formando palabras con letras móviles, mucho antes de poder utilizar el lápiz o el bolígrafo, y no conviene perder esta posibilidad de desarrollo intelectual y de capacidad de comunicación, condicionando el aprendizaje de la escritura a la maduración psicomotriz suficiente para manejar un lápiz con soltura. Por decirlo de otra manera, resulta absurdo que se aprenda a escribir por ordenador a mitad o al final de la escolaridad obligatoria, mientras se inicia con el lápiz, que es mucho más difícil de manejar. La lógica nos diría que se procediera en orden inverso, aunque el aprendizaje de la escritura por teclado utilizando correctamente todos los dedos de las manos se retrase para más adelante. Los niños actualmente tendrán en sus manos un teléfono móvil o una tableta, que utilizarán para comunicarse por escrito utilizando uno o dos dedos solamente, y lo harán con gran rapidez y soltura.

Pero volvamos a la pregunta clave de si vale la pena iniciar la lectura y la escritura pronto, pongamos a los tres/cuatro años. Si tal aprendizaje se realiza de manera natural y se aplica a la comunicación de temas que interesan a los niños, se puede afirmar que con ello se aprovechan las posibilidades de desarrollo de las capacidades mentales que tienen desde los primeros años, y que resultan decisivas para el desarrollo posterior. En un ambiente rico en estímulos lingüísticos, el mismo niño/niña nos lo pedirá, tendrá curiosidad por leer ciertas palabras y poder escribirlas, porque forman parte de su mundo cercano.

Sabemos que a los seis años el cerebro alcanza el 90% de su peso como adulto, pero las conexiones cerebrales (sinapsis) ya se han efectuado antes, como consecuencia de los estímulos cognoscitivos. Por eso se insiste en la necesidad de estimulación "precoz" para el desarrollo máximo de las capacidades de los niños con algún tipo de deficiencia, que de esta manera tienen más garantías para afrontar la complicada vida escolar que les espera, pero resulta beneficioso para todos. Las experiencias de aprendizaje precoz de la lectoescritura han mostrado que reducen las posibilidades de fracaso escolar.

La verdad es que sabemos aún poco sobre las potencialidades de la mente humana, especialmente cuando el medio ambiente es rico en estímulos y las metodologías de enseñanza son congruentes con las características de los sujetos y con la naturaleza de los aprendizajes en cuestión. Una segunda consideración es importante tener presente: la acción pedagógica no puede limitarse a seguir los pasos de unas supuestas etapas evolutivas de carácter general para todas las personas, puesto que tales etapas de desarrollo varían según los aprendizajes recibidos, del mismo modo que el crecimiento biológico depende de la alimentación.

El respeto por la naturaleza del niño, principio fundamental de toda educación, hay que entenderlo en cuanto condiciona la metodología a seguir y el nivel de profundidad de las informaciones que se pretenden, pero nunca como un determinismo madurativo, que obligaría a esperar que aparezcan de manera espontánea las capacidades personales, independientemente de la estimulación recibida. Aún se podría decir más. La estimulación temprana es la única posibilidad que la educación tiene para intentar compensar los déficits ambientales, hasta el punto de que constituye la base de la llamada "educación compensatoria".

Hoy estamos en disposición de afirmar que el aprendizaje del lenguaje escrito se puede llevar a cabo casi inmediatamente después del lenguaje oral, para que así ambos aprendizajes se refuercen mutuamente. Después habrá que contemplar las diversas circunstancias que confluyan en cada niño y en cada medio social concreto, porque una cosa es no creer en el determinismo evolutivo y otra diferente no advertir las diferencias individuales y ambientales.

El ritmo de maduración no es igual en todos los niños, en efecto. Las diferencias individuales se advierten en el momento de aprender a caminar, a comer solos, a hablar y, lógicamente, en el momento de iniciarse en el dominio del lenguaje escrito. De entrada, hay que decir que de manera general el sexo marca unas diferencias al respecto y que, del mismo modo que aprenden antes a hablar, las niñas también van más avanzadas en la madurez para aprender a leer y escribir; por tanto, no es necesario utilizar la misma vara general para los niños y las niñas en este campo, aunque siempre haya las lógicas diferencias personales. Lo que sí podemos afirmar es que una dificultad en el aprendizaje de la lectoescritura suele conllevar dificultades en la escolarización general, de ahí que no resulta una cuestión menor el procurar tal aprendizaje antes de iniciar la escolaridad obligatoria, siempre, claro está, mediante la motivación y la metodología adecuada al caso.

¿Y qué decir de la lengua en la que hay que aprender a leer y escribir? El tema resulta complejo de responder porque no intervienen solo principios pedagógicos, sino también políticos y culturales, pero veamos las líneas pedagógicas generales al respecto. Para ser congruentes con lo dicho anteriormente, recordaremos que el aprendizaje de la lectoescritura debe reforzarse mutuamente con el de la lengua oral, por lo tanto, no se puede aprender a leer y escribir en una lengua que se desconoce oralmente, de otro modo resultaría imposible vincular tal aprendizaje con las vivencias personales y la vida cotidiana.

Es sabido que en muchos territorios se enseña a leer y escribir a los niños en la lengua oficial, independientemente de la lengua hablada en su casa, y esto se puede llegar a justificar por falta de recursos para atender todos los casos posibles, pero entonces se rompe el principio pedagógico antes enunciado. Cuando los niños hablen una lengua diferente del medio escolar habrá que iniciarlos primero en el dominio oral de tal lengua, lo que en circunstancias normales los niños pueden acometer con facilidad a partir de los tres años, como lo demuestran los hijos de padres que usan más de una lengua en el medio familiar. Dominada oralmente la lengua en cuestión, el aprendizaje de la lectoescritura tomará ya sentido. Otra cosa es plantearse si después hay que aprender también la lectoescritura en la lengua materna, lo que pedagógicamente siempre será defendible, aunque de nuevo nos encontramos con las posibilidades reales de la escuela. Si se trata de una lengua oficial o curricular en el territorio, no habrá problema, de lo contrario habrá que recurrir a medios extraordinarios al sistema escolar. En estas circunstancias se encuentra ahora toda Europa, ante los grandes movimientos migratorios que recibe.

Como complemento de estas reflexiones de situaciones plurilingües también nos podemos interrogar sobre la conveniencia o no del aprendizaje de una lengua extranjera a partir de los tres y cuatro años. Y la respuesta no podrá estar muy alejada de los principios señalados antes. El aprendizaje de una lengua, sea oral o escrita, cobra sentido para el niño (y también para el adulto) cuando puede ser utilizada de manera habitual. Por lo tanto, hacer un esfuerzo para el aprendizaje temprano de una lengua extranjera con la que el niño no tendrá más contacto que el mismo medio escolar, no tiene mucho sentido. Al final de la escolaridad obligatoria alcanzará el mismo nivel que los que se hayan iniciado más tardíamente. En este terreno juega mucho el factor publicidad de los centros escolares que quieren recoger alumnos mediante el posible atractivo que tal enseñanza pueda tener entre los padres.

La conclusión general que podríamos sacar de todo lo dicho en este capítulo es que, sin forzar más allá de lo que la misma naturaleza humana permite en cada momento evolutivo, no se pueden desaprovechar las posibilidades que esta ofrece para el desarrollo personal. Y la lectoescritura es un claro ejemplo de estos conocimientos básicos que permiten el acceso a todos a la cultura y la comunicación con los demás, por lo tanto, cuanto antes se emprenda mejor. La manera de hacerlo corresponde decidirlo a los profesionales, pero el momento de hacerlo es decisión que corresponde al conjunto de la sociedad, y a los padres en particular. Con todo, el poder de atracción que tendrá una máquina digital en manos de los niños muy posiblemente motivará hacia el dominio lectoescritor de manera más fuerte que muchos argumentos externos.

7

La tecnología que nos rodea nos condiciona, pero… ¡la necesitamos!

Habíamos convivido en la misma tienda de campaña durante dos veranos en el campamento "Los Castillejos", cuando los estudiantes universitarios podíamos sustituir el servicio militar ordinario por las llamadas "milicias universitarias". Terminadas las dos estancias en el campamento, cada uno iba a cumplir los cuatro meses que quedaban en un cuartel o en los mismos campamentos de las milicias, sea como sargento o como alférez. No supe nada más de él, de ese amigo sincero forjado en aquellos meses, donde lo mejor para recordar eran las amistades establecidas. Más de cuarenta años después recibí una llamada suya. Me localizó gracias a internet y así pudimos vernos e intercambiar recuerdos y fotografías. La tecnología hizo posible este reencuentro.

Esta experiencia vivida es una más de las muchas que todos podríamos aportar como muestra de las posibilidades que ofrece la tecnología actual, concretada en las bases de datos y redes sociales. Esta tecnología nos rodea a todos, y si bien siempre tenemos la opción de adentrarnos en ella con más o menos intensidad, resulta imposible desconocerla y no emplearla de alguna manera, si queremos vivir mínimamente al compás de los tiempos, seamos niños, jóvenes, adultos o ancianos. Y si se trata de algo tan cotidiano, ¿qué papel deberían tener todas las tecnologías digitalizadas en la educación? Esto es lo que reflexionaremos a continuación.

La información digitalizada ofrece una específica visión del mundo, que si no se domina te excluye de la vida cotidiana en nuestro entorno. Las llamadas "TIC" (tecnologías de la información y la comunicación) invaden todos los ámbitos de nuestra vida, pero al mismo tiempo abren una nueva cultura, que nos proyecta hacia nuevos aprendizajes, necesarios para comprender el mundo que nos ha tocado vivir. Por tanto, en toda propuesta de aprendizajes sistematizados, como los que ofrece la escuela en sus diferentes niveles, se deberá incorporar una relación de los vinculados con las TIC, desde la primera infancia hasta los estudios superiores, y luego deberá seguir a lo largo de toda la vida.

En la misma medida que la educación básica se justifica porque prepara para el ejercicio de la ciudadanía, entre los objetivos de aprendizaje escolar deben figurar ineludiblemente una serie de habilidades –hoy se habla de competencias– que preparen para ejercer esta ciudadanía en un mundo tecnificado. Esto explica que organismos internacionales como la OCDE (Organización para la Cooperación y el Desarrollo Económicos) y la Unión Europea las señalen entre las competencias claves que todo ciudadano debe alcanzar. En esta línea se justifica que el llamado Programa PISA (Programa Internacional para la Evaluación de Estudiantes), que aplica la OCDE para evaluar el nivel de conocimientos que tienen los alumnos de 15 años de todo el mundo, haya introducido progresivamente la resolución de las pruebas mediante ordenador y que a partir de 2015 todas se resuelvan por este medio. De este modo, se explicita la consideración de que el ordenador y lo que representa debería ser la herramienta ordinaria de trabajo en las escuelas de estos tiempos que nos toca vivir; esto sin excluir otros medios, naturalmente.

Hablamos del ordenador como elemento emblemático de la revolución tecnológica que nos ha traído la era digital, pero los cambios son altamente acelerados, no solo por las posibilidades que ofrecen las herramientas digitales, sino también por la naturaleza de estas mismas herramientas, que han hecho, por ejemplo, que los aparatos que hace unos años eran simplemente teléfonos móviles ahora sean la síntesis del teléfono, la tableta y el ordenador, de manera que con ellos solos ya se puedan realizar la mayoría de las acciones que ofrecen los tres aparatos.

Es más, el contexto de un mundo altamente tecnificado es más amplio que el estrictamente vinculado a las herramientas digitales, y por eso la formación tecnológica debe abarcar tanto herramientas como procesos de acción, entendiendo que la Tecnología como una reflexión sobre la Técnica es una forma de comprender el mundo –con sus luces y sombras– y de actuar en la vida cotidiana y en el campo profesional.

Las habilidades en el dominio de las herramientas digitales potencian las posibilidades de aprendizaje, porque abren unas perspectivas inmensas de información y de comunicación, pero por sí solas tampoco resuelven todas las necesidades de aprendizaje. Puede resultar ilustrativo al respecto el estudio realizado por la OCDE sobre la relación entre el uso de las herramientas digitales y los resultados obtenidos por los jóvenes de 15 años en la prueba de comprensión lectora realizada en el PISA del 2009. Quienes utilizaban fuera de la escuela las herramientas informáticas de forma moderada, para jugar o para hacer actividades escolares, obtuvieron mejores resultados en la prueba que aquellos que las utilizaban poco o nada. La explicación puede ser diversa, desde advertir que no todos los centros escolares habían explotado todas las posibilidades de las herramientas digitales para el aprendizaje, hasta la consideración de las características de los sujetos que se vinculan mucho a los juegos cibernéticos, la necesidad de que los alumnos con más dificultades tengan de la ayuda que proporciona internet, etc. Los resultados de estos estudios siempre se deben analizar con prevención cuando han pasado varios años, puesto que la situación puede haber cambiado radicalmente. Con todo, estudios como el mencionado son una referencia a considerar, en el sentido que más uso de las herramientas tecnológicas digitales no aumenta automáticamente el aprendizaje generalizado, y, seguramente, la experiencia de lo visto actualmente en nuestro entorno lo confirmaría.

Está claro que los actuales niños y jóvenes ya han nacido en un mundo repleto de herramientas tecnológicas que forman parte de la vida ordinaria, hasta el punto de hacernos pensar que ya no sabríamos cómo vivir sin ellas. El ordenador, las tabletas, los teléfonos inteligentes son de uso cotidiano y quien no entra en este mundo se queda al otro lado de la llamada "brecha tecnológica", lo que implica marginalidad respecto la vida moderna. Por eso todos los adultos nos hemos visto obligados a entrar en él para no restar aislados. El amigo de la anécdota, abuelo como yo mismo, es un ejemplo más de cómo hemos entrado, con más o menos intensidad, en la era de la tecnología digital. El correo tradicional de mensajes escritos en papel y cerrados en sobres que llegan a casa ha quedado limitado a los avisos oficiales, documentos bancarios y algunas facturas, pero con clara tendencia a desaparecer respecto a como lo conocimos. A algunas de las personas formadas durante decenios con los recursos propios de la letra impresa y de la comunicación oral directa, les cuesta admitir que las tecnologías propias del mundo digital sean realmente compatibles con las formas de pensamiento complejo, reflexivo, que ha caracterizado tradicionalmente el saber. Y manifiestan su preocupación de que las herramientas digitales conduzcan irremisiblemente a un pensamiento simplista, esquemático y de poca profundidad.

Sin duda hay peligros en el uso de la tecnología digital que la misma educación deberá prevenir y de los que hablaremos más adelante, pero una prueba también empírica de que no hay forzosamente incompatibilidad entre aprendizajes "tradicionales" y el uso de la tecnología digital la demostró la propia OCDE, en un equivalente al programa PISA, en este caso para adultos PIAAC, (Programa Internacional para la Evaluación de las Competencias de la Población Adulta), que se aplicó entre 2011 y 2012, y que constató la diferencia de resultados según el nivel de dominio manifestado en el uso del ordenador, de manera que los adultos que tenían mejor dominio del ordenador también obtuvieron mejores resultados en matemáticas y comprensión lectora.

Resistencias siempre ha habido y habrá hacia las innovaciones. Podríamos recordar, por ejemplo, los debates que provocó la televisión cuando se generalizó, haciéndola culpable de muchos de los males que sufría la educación. Su aplicación en las aulas fue mínima, aunque se diseñaron programas que la tenían como medio fundamental y nadie renunciaba a tenerla en casa. Y es que toda innovación provoca resistencias y temores, en mayor medida cuanto más avanzada es la edad de los implicados o bien cuando se está estancado en formas de vida pasada. Hay sectores temerosos de que la tecnología sustituya la palabra hablada, la relación interpersonal, el contacto con una realidad compleja que las pantallas tienden a simplificar. Y no se deben menospreciar estos riesgos. Así, por ejemplo, un peligro que surge del uso cotidiano de los recursos digitales es la simplificación del lenguaje.

Es bien sabido que la comunicación digital habitualmente se reduce a la mínima expresión lingüística, se utilizan abreviaturas, se sustituyen frases enteras por imágenes estandarizadas (emoticones), etc.; niños y adolescentes son verdaderos expertos en todo esto. Algunos dirán que es el lenguaje de los nuevos tiempos, que el lenguaje escrito evoluciona, como el oral... pero la cuestión es plantearse si con tal simplificación del lenguaje se pueden tratar las cuestiones complejas. Si en beneficio de la rapidez de la interacción solo se utilizan frases aseverativas y simples, si desaparecen las subordinadas, difícilmente se podrá dialogar sobre cuestiones que exigen matices. En la misma medida que el lenguaje es la expresión del pensamiento, un lenguaje simple manifiesta un pensamiento simplista. Y esto en unos tiempos en los que las cuestiones a dirimir son más complejas que nunca, ininteligibles, con una concepción dicotómica de la realidad, de blanco o negro, sin matices.

Por todo ello, la escuela no puede abandonar la necesidad de cultivar una expresión oral y escrita que sea capaz de argumentar, de matizar, de dudar... Y habrá que hacerlo, aunque sea yendo a contracorriente del uso habitual de los recursos tecnológicos digitales, empleando los tradicionales usos del papel, que no condiciona el espacio a escribir, sin por ello prescindir de las posibilidades del mundo tecnológico digital. Porque prescindir de estos instrumentos tradicionales es también cerrarse a posibilidades de aprender y desarrollar habilidades necesarias para la vida actual. Pero los tiempos vividos de crisis de la pandemia del COVID también pusieron de manifiesto el papel supletorio de la enseñanza en las aulas que tuvieron los recursos tecnológicos, que tuvieron que suplir la enseñanza presencial directa.

Otro desafío que se le plantea a la escuela de estos tiempos y los futuros es el de interpretar la realidad virtual, la que crea la misma tecnología mediante los juegos, las simulaciones y las representaciones diversas. Esta realidad virtual, que se presenta como paralela a la realidad física tangible, cada día ocupa más espacio en nuestras vidas. Se podrá afirmar que nunca ha existido una sola realidad tangible, sino que la imaginación, la fantasía, la religión, el arte, siempre han creado otras realidades con las que vivir; muchas veces como refugio y consuelo de lo poco aceptable que resulta la realidad física inmediata. Pero ahora estas realidades que nos sumergen en mundos de ilusión tentadora se ponen al alcance de una pantalla, ante la que se puede adoptar una nueva identidad, contactar con personas lejanas, acceder a lugares remotos. La realidad virtual aparece no ya como un doble de lo real, sino que permite vivir una realidad diferente, penetrar y experimentarla como si fuera real. Será precisamente la atracción que despierta este mundo virtual la fuente de ciertas adicciones juveniles que son lógica causa de preocupación entre educadores y padres, sin olvidar que afectan igualmente a los adultos.

La conexión a una red social puede convertirse en la actividad más importante de una persona. La creación de un mundo ficticio donde se adopta una personalidad diseñada al efecto, puede ser la huida de una realidad tangible que no gusta o a la que no se quiere hacer frente. Y si bien todo esto puede que temporalmente no tenga implicaciones graves para el equilibrio y la socialización personal, a la larga puede provocar desequilibrio y desviaciones mentales. Todo ello por no hablar de otros riesgos que también han surgido ligados a la tecnología digital, como la posibilidad de fraude, pérdida de la intimidad personal, peligro de manipulaciones, engaños, etc. Porque peligros que siempre han estado presentes en la humanidad toman la forma propia de los tiempos y de las herramientas actuales. Un ejemplo puede ser la posibilidad de acoso por medio de las redes sociales, que ha dado lugar a una nueva forma de *bullying*, antes solamente practicado directamente, pero que ahora realizado tecnológicamente tiene las mismas consecuencias perniciosas que el anterior.

La conclusión que de manera general hay que sacar es que la tecnología y sus aplicaciones cotidianas son parte ineludible del mundo de hoy y del futuro y, por tanto, la educación debe tener presente lo cotidiano, sin por ello perder su función superadora, optimizadora de posibilidades y previsora de posibles perversiones. Así se explica, por ejemplo, que entre las metas que el currículo escolar de Cataluña tenía hasta hace poco respecto a los aprendizajes digitales se fijase la siguiente: «Actuar de forma crítica y responsable en el uso de las TIC, considerando aspectos éticos, legales, de seguridad, de sostenibilidad y de identidad digital».

Hay que insistir en el carácter especialmente transversal de las competencias digitales, que deben ser útiles para la vida cotidiana y para el aprendizaje de todas las materias escolares. Por lo tanto, han de ser objetivo fundamental en la formación del profesorado, que debe estar preparado para utilizar las herramientas digitales en su docencia habitual, como en otros tiempos se han empleado profusamente los libros, los cuadernos, la pizarra, los lápices de colores, etc., sin que ello implique la desaparición de todos estos materiales, al menos de momento, si no su convivencia con las herramientas digitales. No es nada diferente de lo que ya sucede en el mundo del trabajo y en la vida social en general.

Esta preparación demandada ha de incluir la prevención de todas las desviaciones que se han comentado, pero que no debieran ser objeto de preocupación educativa solamente de los centros educativos sino en primer término de las familias, donde existe la oportunidad de que acontezcan de forma más patente a lo largo de todas las horas y días. Aunque el uso de las tecnologías digitales resulta más difícil de controlar que la televisión, dadas sus características de personalización, los padres deben estar atentos a este mundo de tantas posibilidades como perversiones. Padres y abuelos, porque estos últimos hoy tienen una incidencia notable en la custodia de los niños y, por tanto, en su educación. Tanto ha cambiado la vida actual respecto la vigente hace solo un par de generaciones. Sino que se lo digan a mi amigo Félix, con quien compartimos horas de juventud en un campamento de milicias universitarias y ahora compartimos experiencias en nuestro papel de abuelos.

8

¿Sectarismo o limitación intelectual?
De todo hay

Era la primera clase del primer curso de los estudios universitarios de Pedagogía; yo ya llevaba unos cuantos años de experiencia como docente universitario, y también hacía ya unos cuantos que había accedido a la cátedra. Como hacía habitualmente al comenzar el curso, comenté el programa de la asignatura, la bibliografía básica y el sistema de evaluación. Este último se basaba en tres ejes: unas pruebas objetivas, unas pruebas tipo ensayo y un trabajo personal de tipo reflexivo sobre unas lecturas. Cuando terminé la explicación, una chica intervino argumentando que cómo era posible que en unos estudios de Pedagogía se hicieran pruebas de tipo objetivo, cuando estas eran antipedagógicas (sic). Le respondí que en los próximos años de estudio confiaba en que lograría conocimientos suficientes para no hacer juicios tan generales y simplistas, que algo de Pedagogía yo sabía y que por eso aplicaba pruebas diversas para evaluar aprendizajes diversos.

La anécdota la podía haber protagonizado algún docente de cualquier nivel educativo, en un debate sobre la evaluación y las pruebas a aplicar, porque ya lleva tiempo instalada la convicción de que todo lo que respira empirismo, ni que decir si se ve una cierta vinculación con el conductismo –sea o no cierta–, debe ser rechazado como inadecuado, como antipedagógico, en una concepción que seguramente se calificaría a sí misma como "progresista". Como resulta en la inmensa mayoría de las cuestiones educativas, en tanto que están vinculadas a las Ciencias Sociales, los simplismos no son un buen camino para sacar provecho de las diversas posibilidades que teorías, herramientas y situaciones nos pueden dar. Por lo tanto, hay mucho que decir de la utilidad que pueden tener unas pruebas de evaluación de las denominadas objetivas, así como las utilidades que proporcionan para una educación integral, no sectaria y compleja, las diversas teorías de aprendizajes, incluida la asociacionista o conductista. Vamos por partes.

En efecto, las pruebas llamadas "objetivas", que consisten en unas cuestiones que pueden ser resueltas mediante un signo puesto a una (o varias) de las opciones que se ofrecen como respuesta, o bien mediante la construcción de una respuesta breve, se desarrollaron al mismo tiempo que los materiales didácticos de tipo analítico que proclamaban las teorías conductistas. El fin era facilitar la adquisición de los aprendizajes evitando al máximo el cometer errores, pues los errores se consideraban elementos perjudiciales para seguir aprendiendo y para mantener el interés hacia los mismos aprendizajes. Lógicamente, una preponderancia de la metodología analítica en el aprendizaje traía como consecuencia una evaluación también de tipo analítico, de interpretación inequívoca en la verificación de las respuestas emitidas.

A la corriente conductista se le debe la preocupación por la planificación de la enseñanza de acuerdo con criterios de carácter tecnológico. Esta fue la base de todo el movimiento calificado como "tecnología educativa", que tenía igualmente como referentes las teorías de sistemas y cibernéticas. La generalización social de los medios audiovisuales a partir de los años cincuenta del siglo pasado en los países más avanzados, especialmente en EE.UU., potenciaron la concepción de una planificación de la enseñanza donde la clara determinación de los objetivos a alcanzar, la incorporación de los recursos tecnológicos del momento y una evaluación coherente con ambos elementos resultaban fundamentales. Todo ello estaba en línea de la progresiva tecnificación de la vida social y laboral.

Las pruebas objetivas se generalizaron para la evaluación de los aprendizajes porque eran coherentes con la naturaleza de los aprendizajes que se pedían, de comportamientos explícitos, observables, y porque permitían una corrección objetiva, como ya se ha dicho, al tiempo que rápida. No se olvide que en aquellos tiempos se masificaron los sistemas educativos a todos los niveles, y tales pruebas permitían hacer una corrección incluso mecánica de las pruebas. Esta comodidad y teórica objetividad explican su amplia generalización, presentada también bajo la aureola de la modernidad.

Cuando las teorías conductistas empezaron a ser criticadas por su limitación al tratar los aprendizajes más complejos, cuando se empezaron a considerar otras teorías de aprendizaje como las cognitivistas y constructivistas, se advirtió también que las pruebas de evaluación que era necesario aplicar debían ser más abiertas, complejas y proyectivas. Pero las pruebas de tipo objetivo no desaparecieron, sino que seguían formando parte de las evaluaciones de todos los niveles educativos. La posibilidad que ofrecen para evaluar cierto tipo de aprendizajes, su rapidez de corrección, su posibilidad de mecanización y facilidad para traducir los resultados a escalas cuantitativas, han hecho que se sigan aplicando, tanto en evaluaciones escolares internas, como externas e internacionales.

Organismos nacionales e internacionales hacen uso de las pruebas objetivas, juntamente con otros tipos de pruebas más abiertas. Y es que la diversidad de tipos de ítems que ofrecen las pruebas objetivas permite evaluar aprendizajes comprensivos de diferente nivel, si bien en el caso de los llamados de elección múltiple, cuando se ha de elegir una opción entre varias posibles, siempre puede entrar el factor azar; no digamos si se trata de optar entre una dicotomía de respuestas. Entonces se aplican fórmulas correctoras para el total de una cuantificación, pero esto no resuelve el tema de conocer la realidad del aprendizaje evaluado ítem a ítem.

La conclusión general es clara. Casi todos los aprendizajes de tipo conceptual pueden ser evaluados mediante pruebas objetivas de texto incompleto, de respuesta breve, de elección múltiple, de asociación, de ordenación, etc. Incluso se puede eliminar el factor azar con elementos correctivos. Pero cuando se trata de aprendizajes más aplicativos, donde se quiere conocer el proceso seguido por el alumno en la resolución del problema o situación, es necesario recurrir a pruebas abiertas; sería el caso de muchas evaluaciones de matemáticas, de ciencias, etc., donde las pruebas de elección múltiple solo se utilizan para economizar el tiempo de corrección, pero no para poder hacer un diagnóstico personalizado, que permita advertir el momento y tipo de error que el alumno pueda cometer, en su caso.

La anécdota descrita permite más comentarios, además de hablar estrictamente de las pruebas objetivas. Lo primero que uno puede preguntarse es por la pertinencia de interpelar a un profesor veterano, dándole a entender que tiene planteamientos antipedagógicos cuando es un catedrático de Pedagogía. No se trata de acallar la voz a los alumnos, bien al contrario. Los alumnos, y más si son universitarios, han de poder expresar sus puntos de vista, dudas, hacer aportaciones... pero siempre desde la prudencia y la información previa. Pontificar sobre cuestiones profesionales cuando se empieza a estudiar una carrera quizás lo pueda hacer alguien muy especial, pero en general hay que avanzar bastante en la formación para tener elementos de juicio válidos, que permitan establecer auténticos debates con los correspondientes profesores. En el caso que nos ocupa, lo prudente habría sido que la alumna en cuestión, si, efectivamente, había recibido una información sobre las pruebas objetivas que las catalogaba como antipedagógicas, indicara que había recibido tal información y qué podía decir yo al respecto, o bien dirigirse a mí al finalizar la clase y plantear la contradicción que le suponía mi propuesta de evaluación con la información recibida en algún lugar; le habría explicado mis razones, en la línea de lo expuesto anteriormente. El tono y la intención de una intervención en el aula por parte de los alumnos resultan relativamente fáciles de advertir y, por tanto, se puede actuar en consecuencia.

Otra pregunta que ante la anécdota nos podemos hacer es cómo recibió la información sobre las pruebas objetivas la alumna en cuestión. La verdad es que no lo sé, pero se puede pensar que de alguien –entonces no había internet– que tenía conocimientos pedagógicos muy limitados o bien, quizás sea lo más probable, que era muy simplista y sectario en sus planteamientos pedagógicos. Esto último es una lacra bastante generalizada en el mundo educativo, especialmente en el universitario. Se hace apología de una corriente sin matizaciones, como si se tratara de verdades absolutas. Siempre se busca un contrincante o enemigo para poder atacarlo, y si así uno se puede presentar como "progresista", como rompedor de las tradiciones, mejor que mejor.

El sectarismo es bastante generalizado en el ámbito universitario de ciertas carreras vinculadas a las Ciencias Sociales, privando así a los alumnos de informaciones diversas que les hagan reflexionar entre varias posibilidades o corrientes, para luego poder tener un posicionamiento personal bien fundamentado. Es fácil ver en los programas de las asignaturas universitarias un listado de publicaciones que solamente se vinculan con la corriente defendida; el resto no existe. La enseñanza universitaria en manos de un determinado profesorado, que en principio debería ser una apertura al mundo del conocimiento, sin adoctrinamientos sectarios, queda así reducida y empobrecida para los alumnos implicados, los cuales, también hay que decirlo, solo en contadas ocasiones irán más allá de lo que se les pida en las evaluaciones. La diferencia entre una información sectaria, adoctrinadora, y una información plural y enriquecedora es que esta deja en manos del aprendiz el decidir cuál es mejor o más adecuada, advirtiendo, naturalmente, que la capacidad de elección está en función de la edad y conocimientos previos.

Cuando hoy se quieren evitar los dogmatismos y se dan varias concepciones del mundo y la vida, resulta imprescindible adoptar un posicionamiento abierto respecto a la pluralidad ideológica y, incluso, científica. No se trata de considerar que todo vale, de entrar en un relativismo absoluto, especialmente con respecto a los valores y los principios que deben regir una sociedad democrática, pero sí de mostrar que en muchas teorías hay aspectos parciales a considerar y que las cosas no son blancas o negras, sino que se dan muchos matices de gris. Quien más sabe, más dudas tiene sobre la prevalencia de un solo tipo de saber. Son los que saben poco y los dogmáticos quienes se agarran a una sola concepción del saber como la única verdadera.

9

Todos son buenos y yo mejor aún...

Se reúne la comisión de evaluación integrada por todos los docentes que habíamos participado en el curso de los estudios de la carrera de Magisterio en la Universidad Autónoma de Barcelona, para poner las calificaciones de las diversas asignaturas, comentarlas y, si fuera necesario, ajustarlas. Cada uno va diciendo las notas que tiene otorgadas y las comenta. Una profesora, bien conocida en el ámbito político, cuando le toca el turno de decir sus notas afirma que todos sus alumnos merecen la calificación de sobresaliente. El resto de profesores nos miramos sorprendidos.

Desde que empecé mi docencia en la universidad siempre me había parecido que la parte menos agradable era el momento de calificar a los alumnos. A veces comentaba en plan de humor que los alumnos me querían hasta que daba las primeras notas. En cada ocasión tenía que superar la angustia que supone intentar ser justo y la tentación de dar una buena nota para recibir respuestas agradables por parte de los destinatarios. La verdad es que tuve que vivir siempre con la angustia de suspender a algunos.

Entre los colegas que he tenido en la docencia universitaria ha habido quienes han actuado en mi línea, pocos, soportando la tensión que supone otorgar calificaciones que no eran agradables y, en muchos casos, nada bien recibidas por parte de los alumnos. Años más tarde, he encontrado personas que me manifestaron que yo no las había aprobado pero que realmente lo merecían, pero son minoría. La mayoría de los que no recibían buenas notas no lo aceptaban fácilmente en ese momento, y no creo que les haya quedado un buen recuerdo de mi persona. Todo ello sin dejar de reconocer que uno se puede equivocar, ciertamente, pero en general, cuando surgen dudas sobre si aprobar o no la tendencia suele beneficiar al alumno, aplicando aquel viejo principio de la justicia que dice *in dubitum pro reo*, salvando las distancias que el símil representa, claro está.

Siempre les comentaba a mis alumnos que sin duda podía equivocarme al calificar, y por ello se daba la oportunidad de revisar los exámenes y las notas otorgadas. También les decía que mis equivocaciones tanto podían ir en el sentido de haber calificado demasiado bajo como hacerlo demasiado alto; que esperaba que los afectados por el segundo tipo de error también vendrían a revisar los exámenes. Nunca vino ninguno.

Para facilitar la revisión de los exámenes, previamente los comentaba en clase, después de haberlos corregido, advirtiendo –sin dar ningún nombre– cuáles habían sido los errores más habituales y también los aciertos destacables, llegando a hacer lecturas textuales de los mismos exámenes que ilustraban mis comentarios. Así me ahorraba algunas revisiones inútiles, porque los alumnos ya podían hacer una comparación entre lo que habían hecho y lo que cabía hacer.

En la universidad compartí docencia con profesores que tenían una justificada buena fama entre los alumnos, y otros que no estaban a la altura de la enseñanza universitaria, sea por falta de conocimientos o por falta de dedicación. Pero en estos casos, a pesar de que los alumnos hacían llegar sus protestas de manera más o menos formal, nunca se cambiaba nada, porque nunca se acababan de consolidar tales protestas una vez finalizado el curso. Los profesores en cuestión se preocupaban mucho de no suspender a nadie y de dar calificaciones altas a la mayoría de los alumnos; así acababa el posible conflicto, y esto año tras año. Los alumnos suelen olvidarse de sus quejas cuando tienen una calificación positiva en las manos, pensando interiormente que ya arreglarán el tema los próximos implicados.

Ser docente, de cualquier nivel educativo, conlleva la responsabilidad de evaluar a los alumnos como parte de la actividad profesional a desarrollar. Luego, si los resultados no son los esperados, habrá que analizar el porqué; no siempre será responsabilidad de los propios alumnos, especialmente en los primeros niveles del sistema educativo. En la universidad la cosa toma un cariz un poco diferente. En primer lugar, no es una enseñanza obligatoria y, dado que en la mayoría de los casos se trata de formar futuros profesionales, hay que velar para que nadie llegue a poder ejercer una profesión sin unos requisitos mínimos. Esta es la responsabilidad que la sociedad debería exigir a la universidad, cuando resulta que esta tiene el monopolio de la formación en la gran mayoría de las profesiones.

Es cierto que la vida posterior de los titulados universitarios les permitirá seguir su formación, corregir errores, mejorar en todos los sentidos. Pero es igualmente cierto que hay que tomar las correspondientes prevenciones para que nadie pueda llegar al ejercicio de una profesión sin una preparación mínima, que impida cometer errores evitables; los destinatarios de la acción profesional en cuestión tienen derecho a esta precaución. Lo que suceda a lo largo de la vida de un profesional salido de la universidad no puede ser responsabilidad de la misma, pero sí es su responsabilidad sacar profesionales que tengan una preparación mínima y básica. Ciertamente, no es fácil determinar cuál debe ser esta preparación mínimamente aceptable, pero es función de la misma universidad el fijarla, y luego confiar en sus docentes tanto para conseguirla como para determinar quién la alcanza y quién no la alcanza, y a estos últimos no otorgarles el correspondiente título profesional hasta que la logren.

Todas estas reflexiones podrían parecer obvias para quien ha decidido dedicarse a formar profesionales de nivel universitario, pero la realidad no lo confirma. Una vez el profesor universitario se adentra en su actividad cotidiana y se dedica a enseñar, a atender a los alumnos, a participar en la vida académica de una forma u otra, puede llegar a regirse por comportamientos que nada tienen que ver con la responsabilidad que la sociedad le ha asignado de manera implícita. Hay quien no soporta la tensión que supone decir a un alumno que no aprueba su asignatura, y le resulta más sencillo otorgar calificaciones que no plantearán problemas, y así seguir pasando el tiempo sin tensiones, incluso recibiendo sonrisas y palabras amables por parte de los beneficiados.

10

¡En los exámenes todo vale!... parece

A finales del 2022 salió en los medios de comunicación una noticia que no es nueva en el mundo académico. La ministra de la Suprema Corte de Justicia de México, Yasmín Esquivel, fue acusada de plagio en su tesis de licenciatura realizada en la Universidad Nacional Autónoma de México (UNAM), precisamente cuando se presentaba como candidata para presidir el citado órgano judicial. Y enseguida surgieron otros casos semejantes

Esta noticia, más que anécdota, se vincula directamente con la anterior y permite profundizar un poco más en el tema de la evaluación de los aprendizajes. Y es que tales noticias pueden tener diversas lecturas. Y no quiero rehuir una inicial, de evidenciar que personas que tienen cargos públicos, más si se trata del ámbito de la justicia, donde se decide y se sentencia sobre los demás, asumen públicamente el respeto a unas normas de comportamiento que deben ser congruentes con el cargo ejercido; y esto antes, durante y después del ejercicio del cargo. Es el viejo principio de predicar con el ejemplo, que tanto se aplica a los educadores en general. Ahora, no obstante, nos centraremos en el hecho de la copia de un trabajo académico o de un examen, como situación que resulta demasiado habitual en ciertos ambientes.

Como es sabido, actualmente la tecnología ha abierto nuevas posibilidades para actuar fraudulentamente en los exámenes, de tal manera que se debe perseguir la utilización de estos recursos cuando no forman parte de la prueba correspondiente. Esto si los exámenes son presenciales, porque cuando se trata de evitar el posible plagio de un trabajo académico realizado fuera de las aulas, dadas las infinitas posibilidades que ofrece internet, la cuestión aún resulta más pesada para los docentes; si bien ya hay programas que detectan los textos que han sido copiados literalmente de los materiales expuestos en las redes de manera pública. La espiral de posibilidades de plagio y de medidas antiplagio es interminable; siempre habrá alternativas para quien invierte más esfuerzos en buscar el plagio que en aprender y realizar las tareas de manera personal. La superación de los espacios, la globalización de la información conlleva la creación constante de nuevos caminos para acceder a la información. Esto, hoy por hoy, no tiene límites. Y los docentes deben adaptarse a nuevas realidades, sea en forma de posibilidades para el aprendizaje, sea en forma de tomar medidas para evitar el fraude, de la misma manera que han tenido que hacerlo otros sectores directamente afectados por los recursos tecnológicos y la comunicación sin fronteras, véase sino qué ha pasado en el campo de la música, del cine, de la edición de libros, la transmisión de deportes, etc.

Volvamos a la situación de la anécdota-noticia citada inicialmente y adentrémonos en las posibles connotaciones morales –en estricta moral social– de una actuación fraudulenta en una prueba de evaluación o en la realización de un trabajo académico, que deben ser la demostración del aprendizaje logrado y objeto de valoración por parte del docente o docentes correspondientes. ¿Resulta excesivo hablar de implicaciones morales en este ámbito? ¿Se trata solamente de una estrategia de supervivencia por parte del estudiante, que no hace daño a nadie? ¿Es algo parecido al hecho de escaparse de realizar una actividad en el servicio militar (cuando era obligatorio), o en una residencia de estudiantes o, incluso, en el hogar frente a hermanos o parientes?

La sociedad siempre ha visto con comprensión las habilidades del personaje catalogado como "pícaro", existiendo toda una literatura al respecto. Fácilmente se podría pensar que hacer trampas en un examen no perjudica a nadie, y que también pone a prueba una habilidad –tal vez de aplicación general a la vida– para salir bien parado de una situación. Pero aquí ya pueden surgir algunas dudas respecto a la primera aseveración. ¿El hábito adquirido de hacer trampas en los exámenes y trabajos académicos nunca perjudicará a terceros? ¿Esta forma de actuar realmente quedará siempre limitada al ámbito escolar, de cualquier nivel, y no irá nunca más allá? Obviamente puede ser así, pero también se puede pensar que cuando esto sucede después de la escolaridad obligatoria, cuando nos situamos ya en el terreno de una preparación que implica acreditación, sea o no profesional, las consecuencias ya no quedan en el estricto mundo de la institución escolar o académica, ni tampoco de la persona directamente implicada.

Cabe pensar, por ejemplo, en las pruebas que suponen una competición con otros, como es el caso de los concursos y oposiciones, donde el orden de las puntuaciones obtenidas sitúa en posición para superar o no el proceso, en situación de poder elegir o no un puesto de trabajo. Entonces la transparencia en las pruebas afecta directamente al conjunto de los presentados. Algo parecido se podría decir de las pruebas de selectividad para luego poder acceder o no a la universidad y los estudios o lugar donde poder realizarlos. En estos casos parece claro que debería ser solamente el criterio de mérito personal el que determinara los resultados, al igual que debería ocurrir en las competiciones deportivas realizadas de manera limpia, legal. ¿Qué se piensa del deportista que actúa mediante el engaño, la simulación de faltas, la ingestión de drogas, etc.? Se podrá decir que la mayoría de los exámenes no tienen que ver con la realidad profesional, que llegado el momento de la actuación profesional el sujeto ya aprenderá lo necesario para ejercer la profesión, que una cosa es la vida estudiantil y una otra la vida profesional, etc. Y todo esto tiene una parte de verdad, pero no es toda la verdad. Las reflexiones también pueden ir por otro lado.

Soy de los que piensan que cuando uno hace trampas en una actividad de la vida es fácil que las haga en otras. Por ejemplo, quién hace trampas en el juego, en el deporte, es fácil que actúe de igual manera en los negocios. En esos casos, la vida se suele encarar de manera que se busca siempre la parte que resulta más ventajosa para uno mismo. Así se explica, por ejemplo, que las sociedades democráticas no perdonen a los dirigentes que tengan un historial de engaño. Y al respecto podríamos recordar los casos del ministro de defensa alemán Zu Guttenberg, que en el 2011 tuvo que dimitir de su cargo por ser acusado de plagiar su tesis doctoral, al igual que sucedió con la titular de Educación y ciencia, Annette Schavan, que tuvo que hacerlo en 2013 por la misma razón. Otros casos han sido el presidente de Hungría, del primer ministro de Rumania, etc. Podríamos también mencionar casos dentro del estado español. Uno puede preguntarse si no se puede ser un buen político, aunque se hubiera plagiado la tesis doctoral o una parte de ella, pero aquí surge lo anteriormente comentado: quien ha engañado en una situación importante como la tesis doctoral no merece confianza. Quien lo considere una simple travesura, que no hacía daño a nadie, más bien se sitúa en el contexto del "todo vale" para salir adelante, que resulta característico de algunas sociedades y países, donde el engaño y el soborno forman parte de la vida cotidiana; no cabe mencionar ejemplos, pero podría aportar algunos vividos personalmente.

Se puede pensar que no hay que exagerar las cosas. Copiar en un examen puede ser un acto de alcance muy limitado, que no tenga ninguna otra trascendencia en el conjunto de la vida de la persona. Y así puede ser en efecto. Pero habrá que ver si es una acción repetida o no, y cómo lo vive quien la hace. En todo caso, diríamos que es un campo objeto de tratamiento educativo, como el de decir la verdad, por ejemplo. Y entonces pongamos los matices que se quiera.

Se pueden introducir más ámbitos de reflexión en torno al tema. Por ejemplo, ¿qué pasa con ese tipo de examen un tanto absurdo, que solo busca hacer fracasar a los alumnos, porque tiene una dificultad extrema o bien se tratan cuestiones que no han formado parte del programa de la materia, o solamente fomentan la memorización? ¿No resulta comprensible que en estos casos los alumnos avispados – porque para hacer trampas en los exámenes se necesita una mente despierta, también– busquen soluciones que los beneficie? No seré yo quien defienda estos tipos de pruebas que tristemente se han dado y aún se dan, en especial en la enseñanza superior y en algunas carreras, donde parece que el prestigio docente se asocia a la cantidad de alumnos que son suspendidos. Situados ante un caso concreto, quizás yo mismo defendería emplear recursos que superaran la estupidez o las malas artes pedagógicas de un determinado profesor. La norma siempre debe ser analizada en su contexto, para ello tenemos capacidad de raciocinio y no simple capacidad de obediencia a la norma. Pero tales situaciones no invalidan el principio general de mostrar honestidad ante las pruebas de evaluación.

El profesional docente tiene una deontología a cumplir, que incluye la evaluación en términos de coherencia pedagógica y en términos de justicia valorativa. Siempre puede haber errores, naturalmente, pero también debe haber la posibilidad de detectarlos y corregirlos, por eso los alumnos han de recibir las pruebas corregidas y calificadas, y han de poder pedir explicaciones al docente sobre la valoración otorgada. Todo centro de calidad pedagógica, de cualquier nivel educativo, debe tener establecidos estos principios. En justa correspondencia, el alumno debe comportarse de acuerdo con los criterios de transparencia y respeto a las normas establecidas en las evaluaciones.

Superar dificultades y subsanar errores forma parte de la vida normal de todas las personas. También el pedir ayuda cuando esto no rompe las reglas del juego. La evaluación sigue siendo una de las actividades profesionales más complejas de los docentes. Parece que debe ser fácil eso de observar qué hacen los alumnos, cómo aprenden, cómo resuelven las actividades escolares, pero la verdad es que cuando se quiere hacer un juicio riguroso de qué saben realmente y cuáles son sus puntos fuertes y débiles de los aprendizajes, la cuestión no resulta sencilla. Poner unas tareas a realizar para poder calificar los aprendizajes de una materia escolar, sean en forma de resolución de problemas, en forma de responder preguntas, en forma de construir algo, no es una simple cuestión de práctica o de buscar ejemplos en materiales escolares diversos.

Si hablamos de auténtica actividad profesionalizadora, los procesos de aprendizaje observados o las pruebas propuestas deberían estar directamente vinculadas a la naturaleza de los aprendizajes que se quieren medir, y deberían permitir diagnosticar realmente si se han conseguido y, en caso afirmativo, en qué grado; y si no se han logrado, cuáles son los aspectos concretos que piden actuación posterior para ser alcanzados. Nada que ver, por tanto, con la rutina de las pruebas que se repiten año tras año de manera acrítica. Aunque podríamos añadir que, si las pruebas están confeccionadas de acuerdo con lo dicho, la copia, el fraude, se hace realmente difícil, por no decir imposible.

Las pruebas que son más susceptibles de ser realizadas de manera fraudulenta son aquellas que piden simple información. En el caso de las de tipo aplicativo, si bien son susceptibles de ser realizadas con la ayuda de otros, las posibilidades se reducen considerablemente. Las pruebas aplicativas y que pidan reflexión y justificación personal en la toma de decisiones, no solo reducen la posibilidad de fraude, sino que son las que permiten constatar realmente el nivel de aprendizaje de los alumnos. En otras palabras, los docentes no solo deben velar que los alumnos resuelvan por sí mismos, sin ayudas "ilegales", las pruebas de evaluación, sino que las han de plantear de forma coherente con unos aprendizajes que mayoritariamente pedirán reflexiones y aplicaciones, lo que no excluye que determinados contenidos deban ser retenidos en la memoria.

11

La mala fama de los deberes escolares

Las últimas campañas electorales se han caracterizado por una alta intervención de la televisión y las redes sociales en debates y confrontaciones entre los candidatos, pero también con grupos de ciudadanos, también con niños y adolescentes. Al inicio del mes de junio del año 2016, en una entrevista televisiva, un candidato le dijo a un grupo de niños: «Hay algo en el programa que a buen seguro os gustará, pensamos que NO tiene que haber deberes en primaria». A raíz de esta afirmación, una vez más, se abrió el debate público sobre los llamados "deberes escolares".

El tema de los deberes escolares sale periódicamente en los medios de comunicación, y reiteradamente se vuelven a emplear los mismos argumentos sobre la necesidad o no de que los alumnos realicen tareas escolares fuera de la escuela y del horario escolar habitual. Una síntesis de estas argumentaciones las comentaremos a continuación, más cuando este autor ha participado en algunos de estos debates.

Empecemos diciendo que la expresión "deberes escolares" no tiene buena prensa. Fijémonos que siempre se habla más bien de derechos que de deberes: derechos del niño, derechos de las mujeres, derechos del trabajador, etc., seguramente como una lógica reacción a una larga historia donde había muy pocos derechos, si había alguno, para todos estos colectivos y muchos otros que se podrían mencionar. Pero ahora, ya situados en el caso que nos ocupa, más que hablar de "deberes escolares" deberíamos hablar de "actividades escolares en casa", por ejemplo. Porque los comúnmente denominados "deberes escolares" se podrían contraponer al derecho a seguir aprendiendo fuera del horario escolar. ¿O alguien querrá negar este derecho? Se podrá decir que el nombre no hace la cosa, pero muchas veces actúa a modo inconsciente, aparte de que en este caso no es nada pertinente el que se utiliza.

Cuando se critican las actividades que la escuela señala para hacer en casa hay que analizar varias cuestiones para poder emitir juicios valorativos; de entrada, hay tres elementos fundamentales a considerar: la edad de los alumnos, el tiempo que piden de dedicación y la naturaleza misma de las actividades a realizar. En cuanto a la edad, es evidente que no podemos pedir la misma dedicación al estudio dentro y fuera de la escuela a niños pequeños que a adolescentes y jóvenes. Ahora nos centraremos en la escolaridad obligatoria, ya que nadie entra en el debate sobre las actividades a realizar fuera de las aulas por parte de los estudiantes de la secundaria postobligatoria o de la universidad. Sobre estos últimos ya nos pronunciamos en el capítulo referido a si la asistencia a clase es o no suficiente.

Es evidente que los niños más pequeños deben tener tiempo sobrado para poder jugar y socializarse en el sentido más amplio del término, por lo que las horas ordinarias de la escuela primaria, incluyendo el tiempo de desplazamientos, ya debieran ser suficientes para adquirir los aprendizajes que podríamos considerar como más académicos. Pero aquí ya nos encontramos con algunas consideraciones a tener presentes. La primera es que, entre nosotros, los alumnos que van a la escuela concertada y privada, de entrada, tienen una hora diaria más de clase respecto a los que van a la escuela pública, con algunas excepciones de centros que atienden alumnos con necesidades especiales. La primera pregunta que nos podemos hacer, pues, es si los que van a la escuela concertada, de hecho, hacen una hora diaria de "deberes", en comparación con los que van a la pública. Si es así, ¿los contrarios a los deberes quizás pedirán que se rebaje el horario de la concertada y privada para que los alumnos tengan tiempo de jugar y de socializarse? ¿O bien se demandará que los alumnos de la pública puedan tener una hora diaria más de escuela, sin por ello perder la oportunidad de disfrutar de tiempo de recreo? Y lo que es igualmente importante: ¿es igual que se trate de alumnos de seis años que de diez y once?

Parecería lógico que, en los últimos años de la etapa escolar de primaria, el aprendizaje pudiera continuar fuera de la escuela durante un cierto tiempo, tanto porque lo pide la misma necesidad de prepararse para un mundo que cada vez es más exigente, como porque las actividades de ocio ya toman otro cariz. Ahora dejaremos de lado todo lo que implica la diferencia de las horas de escolarización entre tipos de escuela que, lógicamente, supone un factor de discriminación negativa para la escuela pública. El político que se menciona en la cita inicial se limitó a la etapa de la enseñanza primaria, con lo cual dio por supuesto que, en la secundaria obligatoria, que abarca de los 12 a los 16 años, tienen cabida actividades de aprendizaje más allá del horario escolar.

La edad de los alumnos condiciona el tiempo que deben dedicar a las diferentes actividades del día, sin olvidar las horas de descanso, naturalmente. Aún podríamos mencionar las cifras que proporciona periódicamente la OCDE, que aplica el programa PISA, sobre las horas que en promedio dedican los alumnos de 15 años de los diversos países a hacer actividades escolares en casa. En España eran 6,5 horas a la semana, cuando la media de la OCDE era de 4,8. Se suele mencionar el caso de Finlandia, que pide un número de horas reducido de actividades en casa y siempre queda de los primeros países en el ranking de PISA; ahora bien, otros países o ciudades también líderes, como Shanghai y Singapur, exigen muchas más horas que la media. Lo que sí queda claro es que no hay una relación directa entre el número de horas dedicadas a hacer "deberes" y el rendimiento en las materias básicas que evalúa el PISA: matemáticas, ciencias y comprensión lectora; pero tampoco es un factor de impedimento del rendimiento. Sí se ha constatado, en cambio, que los alumnos que hacen más deberes tienen en conjunto un rendimiento más alto en matemáticas. Esto quiere decir que hay otros factores que condicionan mucho más el rendimiento escolar, y que los deberes, a partir de unas cuatro horas semanales, no resultan decisivos en el rendimiento escolar.

La diferencia entre escuelas y docentes es bastante evidente a la hora de contabilizar el tiempo que los alumnos deben dedicar a realizar actividades escolares fuera del horario escolar, por lo que en cada caso se debería valorar la situación concreta. Las quejas, que muchas veces hacen los padres y los propios alumnos respecto una carga excesiva, son la constatación de que hay escuelas donde los docentes no se coordinan para ponderar el tiempo que suponen las diversas actividades encomendadas. Huelga decir que esta es una cuestión suficientemente importante como para que sea objeto de atención de la escuela, y esté explicitada en las mismas normas de funcionamiento. Después, padres y alumnos han de estar bien informados y así evitar malos entendidos. La pregunta que inevitablemente nos haremos todos es qué tiempo puede ser adecuado para usar en actividades escolares fuera del horario lectivo. Pero antes de responderla, alguien nos puede preguntar si son realmente necesarios los llamados deberes escolares, y mencionar que algunas organizaciones de padres/madres y algún sindicato de maestros han pedido su eliminación.

Entre los argumentos que suelen emplear los que piden la eliminación es que representan el fracaso del sistema educativo, el cual se manifiesta impotente para lograr durante el horario escolar los aprendizajes que se propone, y por ello introduce la continuidad de la escolarización fuera de la misma escuela. Aún se añade más: que los deberes introducen un elemento de discriminación entre los alumnos, dado que hay familias que pueden ayudarles o buscar ayuda, y otras no pueden hacerlo, con la consecuencia de que los primeros resuelven bien la situación y los segundos se encuentran con una posible causa de fracaso. Todo esto merece un análisis ponderado.

Continuar aprendiendo fuera de la escuela no supone ningún fracaso de la misma, por muchas razones. La primera porque el horario de la escuela es constante desde hace muchos años mientras que las necesidades de aprender van creciendo. La escuela no puede enseñar todo lo que se necesita para comprender y vivir en estos tiempos, por lo que su función es poner las bases para seguir aprendiendo de manera permanente y, naturalmente, fuera de la escuela. Esto vale para todo el conjunto del sistema educativo, desde el inicio de la escolarización hasta los niveles superiores.

El argumento de la discriminación es aún más débil, en mi opinión. Cuando la OCDE advierte que los deberes pueden ser un factor que aumente las desigualdades entre los alumnos favorecidos y los desfavorecidos, no lo hace para eliminar los deberes y así "igualar por abajo", como diríamos vulgarmente, sino para advertir de la necesidad de que los alumnos que no tienen las condiciones adecuadas para poder realizar los deberes en casa deben poder disfrutar de la ayuda de la misma escuela, que les puede proporcionar las mismas aulas e, incluso, ayuda directa, para así estar en el mismo nivel de quienes tienen esa ayuda en sus padres o en docentes de apoyo. Esto tampoco es tan difícil de hacer. Este autor lo aplicó en una escuela de Pineda de Mar allá por los años ochenta. Recientemente, por ejemplo, escuelas de barrios con alta población inmigrante han puesto en marcha programas dedicados a las madres, para que puedan ayudar a sus hijos en las actividades escolares que tienen continuidad en casa; así sucede en Santa Coloma de Gramanet (Barcelona) y Salt (Girona).

La manera de eliminar la brecha debida a los deberes es facilitando que todos los alumnos los puedan hacer, porque, como ya se ha dicho al principio, el aprendizaje sigue fuera de la escuela y los deberes son, o deberían ser, la guía para seguir este aprendizaje durante un cierto tiempo al terminar el horario escolar. Esto sin ocupar todo el tiempo libre, que debe acoger las actividades normales para el desarrollo personal y el equilibrio en la vida cotidiana: comida, descanso, deporte, arte, juego, interacción personal, etc. Y es que el calendario y horario escolar ocupa un espacio que no cubre, ni con mucho, toda la vida de los escolares.

Recordemos que los días hábiles de clase no llegan a la mitad de los días del año. Oficialmente se piden un mínimo de 175 días lectivos, que en la práctica siempre suelen ser menos. Entonces, la pregunta que hay que formularse cuando se pide la supresión absoluta de las actividades escolares fuera de la escuela, es si todos los días que los alumnos no van a la escuela no tienen que aprender nada que se pueda vincular con lo que aprenden en ella. Si de los días pasamos a las horas, nos encontraremos que incluso los días de clase dejan cierto margen para realizar algunas actividades de aprendizaje guiado. No hay que hacer los números de las horas, aunque aquí nos encontraremos con profundas diferencias según el lugar de residencia, las actividades que las familias consideran que hay que hacer al margen de la escuela, el tiempo de transporte, etc. Y una vez más el nivel socioeconómico de las familias condicionará las cifras. Como conclusión de este apartado, podríamos decir que hay muchos días (seguramente demasiados) sin escuela, de modo que unas guías hechas desde ella para seguir aprendiendo de manera sistemática son necesarias, y eso no impide hacer otros tipos de actividades.

Respecto al tiempo que hay que dedicar a realizar estas actividades de aprendizaje durante los períodos lectivos, diríamos que pueden comenzar a partir del ciclo superior de la educación primaria y avanzar progresivamente hasta un tiempo en secundaria de una hora diaria de promedio. Pero aquí entra toda la diversidad personal, por lo que la misma actividad puede suponer mucho más tiempo en unos alumnos que en otros. Y luego está toda la gama de intereses personales, que pueden llevar a profundizar y, por tanto, dedicar más tiempo a una actividad que interesa que a otra que no interesa tanto. Digámoslo claro. Los alumnos con dificultades de aprendizaje y desinteresados necesitarán más tiempo para hacer las mismas actividades que el resto. Como en tantas otras cosas, el sentido común y la constatación de la realidad de cada caso debe dar pautas para determinar un tiempo razonable de actividad escolar fuera de la escuela, que a veces puede consistir simplemente en la oportunidad de terminar algunas tareas que no se han finalizado durante el horario escolar. Los docentes deben velar para que los tiempos que piden de actividad fuera de la escuela no sean un impedimento para poder tener una vida de relación y de descanso, que es necesaria para el buen desarrollo de los niños y adolescentes.

Y queda el tema de la naturaleza de los llamados deberes escolares, tal vez el tema más importante para poder emitir juicios sobre su conveniencia o no; para que estas actividades nunca puedan ser interpretadas como un castigo y mucho menos serlo realmente. La justificación pedagógica de las actividades que la escuela pida hacer fuera de ella no puede ser otra que aprovechar la oportunidad para vincular los aprendizajes escolares con la realidad que viven los alumnos, realizar alguna tarea que suponga una actuación totalmente personalizada, la canalización de inquietudes personales y de deseos de profundización en algunas cuestiones, la consolidación de aprendizajes que piden repetición, etc. Terminar alguna tarea de la escuela –advirtiendo que esto debe ser totalmente esporádico y no habitual–, realizar lecturas sugeridas o elegidas por el propio alumno, buscar una información en contextos específicos cercanos, memorizar algunas informaciones, realizar algunas tareas que piden mucha repetición, visitar un lugar determinado para advertir en él los conceptos que se ha aprendido en la escuela, realizar creaciones artísticas personales... son ejemplos de estas actividades que pueden tener lugar fuera de la escuela, ser guiadas por ella, y que sirven para avanzar en las metas fijadas para el aprendizaje escolar.

Aún se podría añadir alguna otra consideración respecto a la pertinencia de realizar tareas escolares fuera de la escuela. Estas actividades proporcionan información sobre qué se hace realmente en las aulas, y los padres y otros familiares implicados (pensemos en los abuelos) tienen así una idea clara de cómo van sus hijos o nietos en los respectivos procesos de aprendizaje, y pueden sacar las pertinentes consecuencias. Estas actividades a realizar en casa y fuera de ella son buenas ocasiones para comentar la vida de la escuela, incluso para sumar complicidades en el proceso educativo que familia y escuela llevan a cabo conjuntamente. Porque está claro que enviando los niños y niñas a la escuela no termina la educación familiar, ni siquiera en cuanto a los aprendizajes académicos, al menos hasta el nivel que los familiares puedan colaborar para conseguirlos.

Sobre este mayor conocimiento por parte de las familias de lo que se hace y aprende en la escuela, se podría recordar el período de la crisis sanitaria que obligó a cerrar todos los centros educativos, y durante el cual los alumnos fueron atendidos a distancia y tuvieron que realizar las tareas escolares en sus domicilios o lugares adecuados. Entonces los familiares se vieron directamente implicados y pudieron conocer directamente los quehaceres escolares que se solicitaban.

Finalmente, el hacer tareas escolares fuera de la escuela tiene una consecuencia para los propios alumnos que no es nada despreciable. Se trata de la oportunidad de poner a prueba los propios conocimientos y habilidades, resolviendo de manera personal las situaciones que se plantean. Es una forma de fomentar la iniciativa, la constancia, el esfuerzo de superación ante las dificultades. Esto será así siempre que la supuesta ayuda que los alumnos puedan recibir en casa no consista en resolverles las cuestiones planteadas, sin que haya el esfuerzo por parte del implicado. Y, por supuesto, que las tareas encomendadas fomenten la capacidad de reflexión, de memorización, de innovación.

Si antes comentábamos que las tareas a realizar en casa durante el cierre de las escuelas permitieron a las familias conocer la naturaleza de los aprendizajes que se realizan en ellas, durante ese mismo período se constató que los alumnos habituados a realizar tareas de aprendizaje fuera de las aulas, como los denominados deberes escolares, fueron los que mejor aprovecharon esos períodos de cierre total o parcial de las aulas. Porque ya tenían desarrollado el hábito del estudio personal.

Como síntesis, podríamos decir que los deberes escolares son una forma de seguir aprendiendo fuera de la escuela, que merece la pena aprovechar, siempre que supongan un tiempo razonable de realización y sean de naturaleza atractiva y provechosa. Para el caso de los alumnos que tengan dificultades para realizarlos, es necesario que la propia escuela y las familias establezcan posibilidades que les permitan beneficiarse de su aportación a los aprendizajes sistemáticos que pretende el sistema educativo.

12

Todos somos consumidores, pero hay niveles y obsesiones

El primer día de escuela de cada curso se pueden ver por las calles de Hamburgo y otras ciudades alemanas niños y niñas de seis años que comienzan su educación primaria llevando felices un embalaje en forma de cucurucho, que contiene dulces y pequeños objetos, como obsequio y recuerdo de ese importante día. Este embalaje deberá mantenerse cerrado durante todo el día, en el que habrá recepción de las familias en la escuela, actividades festivas desarrolladas por los diferentes cursos del centro, etc. Cuando vuelvan a casa los niños y niñas podrán abrir su cucurucho y disfrutar de los dulces y regalos. Así lo he vivido con mis nietos que han nacido y viven en aquella ciudad alemana.

Esta situación, que ya forma parte de la tradición escolar alemana y de algunos países más, podría ser comentada desde varios puntos de vista, pero ahora nos centraremos en la exigencia de control que se pide a los niños durante unas cuantas horas para no abrir y consumir el contenido del cucurucho, hecho de cartón o plástico y decorado exteriormente de manera muy diversa. Un control que se quiere fomentar para luego aplicarlo a la vida cotidiana, especialmente en cuanto a los hábitos de consumo, que hoy muchas veces resultan compulsivos y claramente excesivos. Nuevamente, la educación se encuentra ante una cuestión que debe tratar para responder a las exigencias de los tiempos.

De manera genérica, todos los seres vivos consumen, como una necesidad para la supervivencia, pero la especie humana ha hecho del consumo no solo una necesidad para vivir sino también una forma de vida, porque se ha instalado la creencia de que la acumulación de bienes y servicios es sinónimo de felicidad y de éxito social. Todo ello fomentado por el hecho de que la capacidad actual de producción ha multiplicado las posibilidades de consumo, hasta el punto de convertirse en uno de los fenómenos de la globalización, siempre estimulado por las diversas formas de publicidad. Así hemos llegado a una situación donde el mismo planeta está en peligro, por la imposibilidad de reponerse del expolio al que lo sometemos el conjunto de la humanidad, aunque con inmensas diferencias entre los países desarrollados y las personas ricas respecto a los países y personas más pobres. Tanto es así, que el consumo ha entrado en el ámbito de la valoración moral.

No se puede negar que el consumo es una actividad necesaria sin la cual no hay desarrollo posible, pero exige responsabilidad tanto por parte de las industrias y comercios como de los usuarios de los productos y servicios. Se impone, pues, encontrar un punto de equilibrio entre ambas dimensiones siempre, sin abandonar la visión integral del fenómeno. De ahí la necesidad básica de autolimitarse en las aspiraciones egoístas, y tener siempre presente el gran privilegio que supone poder preocuparse de cuestiones como el consumo, mientras millones de personas en el mundo carecen de los mínimos necesarios para subsistir. El consumo se convierte en un factor clave en las sociedades desarrolladas, que no solo afecta al patrimonio natural y cultural que debemos preservar, sino que tiene implicaciones en la vida personal y social de los individuos.

El consumo se vincula directamente con factores de personalidad, como una forma de entender la vida que se proyecta sobre los valores y actitudes personales. Ante la multiplicidad de objetos de consumo que exhiben los medios de comunicación, el individuo se vuelca sobre sí mismo, busca su bienestar, se hace administrador de sus necesidades alimenticias, estéticas, afectivas, etc. La inmersión en este proceso se lleva a cabo mediante la persuasión y la seducción, apelando a la salud, la belleza, la seguridad y el bienestar, e invocando sentimientos y necesidades de todo tipo. Hoy, ya bien entrado el siglo XXI, en gran medida, el consumo se supedita a las afinidades e identificaciones afectivas con aquellos productos y marcas que saben proyectar la identidad del consumidor y reinterpretarla de forma adecuada. El periodo de crisis del primer decenio del presente siglo afectó, sin duda, a la panorámica general del consumo, pues en parte fue el exceso consumista una de sus causas principales, pero no todo el mundo parece haber aprendido para que no se repita la situación en el futuro. Hay que advertir, por ejemplo, que a los países y personas que podrían catalogarse como de "nuevos ricos" les cuesta tomar conciencia por un consumo responsable, que muchas veces se extiende por encima de sus posibilidades económicas.

Han sido precisamente algunos de los países más desarrollados los que antes han tomado conciencia de la necesidad de un consumo más comedido, y se han preocupado por mantener el equilibrio del medio ambiente. Ciertamente, este tema siempre puede llevar a debatir sobre cómo han llegado a su nivel de desarrollo, qué hacen con sus residuos, etc., pero ciertas actitudes de contención nos deben servir a todos, aunque a unos lleguen más tardíamente que a otros. Por ejemplo, ¿cuántos de nuestros niños de seis años irían todo un día con un paquete de regalos sin abrirlo antes de tiempo?; y ¿cuántos padres y familiares estarían dispuestos a aguantar los deseos de los niños en cuestión? Se trata solamente de una pequeña muestra de lo que puede significar la contención en el consumo, independientemente de las posibilidades económicas de la familia.

No se trata de imitar íntegramente a nadie, porque todos los pueblos tienen en su forma general de actuar virtudes y defectos, pero para seguir con el ejemplo puesto de la ciudad de Hamburgo, se puede mencionar el hecho de que periódicamente personas de un mismo barrio y calle, sean más o menos acomodadas, hacen un mercado para vender productos que han confeccionado ellos mismos y productos usados, que son adquiridos a precios bajos entre los propios vecinos. Y en las calles de los mismos barrios acomodados se encuentran siempre tiendas de productos de segunda mano, que son adquiridos por gente diversa, también por los que no tendrían problemas económicos para adquirirlos nuevos. Pensemos si esto es trasladable a nuestro contexto, aunque parece que ciertos hábitos como los citados ya se abren paso entre nosotros.

Hoy muy tempranamente los niños entran en el mundo del consumo, se convierten en clientes específicos, a los que se destina una publicidad específica, que abarca todo tipo de productos y no solo juguetes. Estos niños también acaban teniendo influencia sobre productos que consume la familia entera. Aparatos electrónicos, indumentaria, alimentos, etc., son otros tantos grupos de productos donde los niños y adolescentes inciden directamente respecto al consumo familiar, además del suyo propio. Y muchas veces por encima de las posibilidades lógicas de la familia en cuestión. Pronto conocen marcas concretas y asumen lo que pueden representar de estatus social. Muchos padres y abuelos no resisten las presiones que los hacen los niños y adolescentes, y ceden en un consumo que saben perfectamente que resulta excesivo o innecesario. Y resulta curioso que cuando a veces se proponen ciertas medidas que podrían frenar un tanto el consumo resultante de las comparaciones dentro del ámbito escolar, como por ejemplo generalizar los uniformes escolares, dicho sea de paso que pueden adoptar perfectamente la forma de una indumentaria sencilla de calle, surja siempre una resistencia, enmarcada en un falso progresismo, que argumenta posibles reminiscencias autoritarias o de frustración en los alumnos, cuando una medida como esta ayudaría a evitar comparaciones consumistas realmente negativas para todos, en especial para los menos favorecidos.

Formar consumidores responsables y conocedores de las consecuencias de sus actos se erige hoy en una de las metas de la educación. Hay que aprender a consumir con prudencia y responsabilidad, y ser exigente en lo que se consume. Solo gracias a una formación pertinente en este terreno se puede ser libre y responsable como consumidor, ya que la presión de la publicidad, los grupos de referencia, los medios de comunicación, etc., tienen tal fuerza de persuasión que, sin la suficiente base formativa, dejan escaso margen a la decisión libre y responsable del individuo.

Ni que decir tiene que en esta dimensión de la educación se hace imprescindible la colaboración escuela-familia, como en casi todas, ciertamente. La educación para el consumo se consigue, ante todo, con el ejemplo, con la vivencia directa en un ambiente de moderación y responsabilidad respecto a los bienes y servicios consumidos. Los padres son los primeros modelos a imitar, quienes determinan en mayor medida un futuro consumista responsable o irresponsable. Parece claro que la escuela por sí sola no podrá conseguir una educación para el consumo eficaz, si no establece una auténtica acción coordinada con las familias, porque de ellas proceden los recursos económicos y los comportamientos que hacen posible el consumo. Si la escuela acomete un programa sistemático de educación para el consumo, será necesaria una implicación directa de las familias para llevarlo a cabo, lo que supone acordar conjuntamente los contenidos y las acciones que deban realizarse y, sobre todo, exige adquirir un compromiso para que las decisiones familiares no entren en contradicción con los principios que pretende fomentar la educación escolar.

Dado que la ignorancia fomenta el consumo irracional y excesivo. La educación para el consumo debe incluir una importante carga informativa, necesaria para tomar decisiones con conocimiento de causa. El consumo responsable implica un proceso de generación y transferencia de información, y esta información debe ser veraz y adecuada al consumidor y los diferentes tipos de agentes y mediadores en el proceso. En la edad infantil más temprana, la información respecto al consumo procede del contexto familiar, del grupo de iguales, así como de la influencia de la televisión, de internet y otros medios de comunicación. Más adelante, el etiquetado y los folletos informativos de los productos y servicios serán una fuente de información que habrá que tener presentes en la toma de decisiones consumistas. No en vano se ha ampliado considerablemente la reglamentación sobre estas informaciones.

Además de la cantidad de lo adquirido, el consumo toma en cuenta otra dimensión: su calidad. Saber valorar los objetos y servicios en virtud de su relación calidad-precio constituye un síntoma de madurez en el consumidor. Es cierto que siempre puede haber un valor añadido de carácter afectivo o circunstancial, que puede llevar a pasar por encima de la indicada relación, y que el hecho de existir estos valores intangibles lo aprovecha el sector comercial para obtener a veces unos beneficios superiores a los habituales –como es el caso de ciertas festividades en cuanto a productos tanto de decoración como de alimentación–, pero, como principio, conviene no perder de vista el criterio de calidad y de proporción entre esta y el precio del producto o servicio consumido.

Entrar progresivamente en todo lo que rodea el mundo de la publicidad se presenta hoy como una parte de los aprendizajes escolares, si realmente queremos seguir defendiendo que la escuela prepara para la vida real y forma para ser ciudadano consciente y responsable. Porque la publicidad actual no busca tanto informar como impactar. Por ello, la formación para un consumo responsable pasa por el estudio crítico de las técnicas publicitarias vigentes. En un mundo en el que cada vez está más presente la publicidad, no se puede dejar a los más jóvenes desprotegidos ante la presión que soportan en este terreno.

Desvelar los mensajes publicitarios, analizar la publicidad engañosa o advertir sobre las estrategias de que se valen las empresas para promover el consumo, son campos básicos de la educación para el consumo. Dentro del campo de la publicidad habrá que prestar especial atención a la publicidad televisiva, dado su impacto indiscutible en los hábitos de consumo del conjunto de la población. Son sobradamente conocidas las prácticas consumistas ya arraigadas entre niños de corta edad, que demandan objetos anunciados por televisión y prefieren las marcas de moda en su indumentaria deportiva. Pero, actualmente, la publicidad también entra en las pantallas de los ordenadores, de las tabletas, de los teléfonos inteligentes, invadiendo nuestra intimidad sin buscarlo directamente, y los niños y adolescentes están solos frente a esta actividad publicitaria.

Todo consumo responsable pasa por conocer qué necesidades debe cubrir el producto que se plantea adquirir. Una primera fuente de reflexión puede ser establecer una clasificación de prioridad de consumo, que distinga entre necesidades básicas, de segundo nivel y banales. Realizar esta clasificación en familia, compartiendo criterios y buscando el consenso, constituye una actividad educativa que se puede completar, por ejemplo, contabilizando los gastos realizados durante un cierto período, de acuerdo con las tres categorías establecidas y, ciertamente, en función del poder adquisitivo de la familia. Aquí se presenta otra dificultad: ¿cuándo y cómo queda satisfecha una necesidad? Por ejemplo, alimentarse es satisfacer una necesidad básica, pero puede también ser una manifestación clara de lujo consumista, cuando se vincula a establecimientos y productos exclusivos, cuyo coste es sin duda desorbitado. La respuesta al problema tendremos que buscarla recurriendo a otros criterios, como la proporción costo-beneficio y la capacidad económica del consumidor. En la propuesta educativa no caben referencias estrictas al imaginario del lujo, ya que no son sino una muestra más de los desequilibrios y contradicciones del mundo, donde algunos acumulan una riqueza exorbitante, mientras muchos otros carecen de lo más básico para subsistir.

Una gran parte del consumo actual se podría incluir en el capítulo de las comodidades o, si se prefiere, de la evitación de molestias. Constantemente se dejan luces encendidas o aparatos conectados sin necesidad; se utiliza el vehículo propio para efectuar desplazamientos que fácilmente pueden hacerse a pie, en bicicleta o en el transporte público; los electro-domésticos se utilizan a la mitad de su capacidad, se gasta mucha más agua de la necesaria... Todo esto debe tratarse en una educación para el consumo, que no puede alejarse de la sensibilidad por la preservación del medio ambiente, ni de la solidaridad entre personas y pueblos. No se puede concebir un consumidor responsable que no reflexione sobre las consecuencias que su actuación consumista tiene sobre el entorno y sobre los demás. No se trata de si el individuo puede pagar sus excesos, si tales excesos afectan al medio ambiente y a la vida colectiva. Así son las cosas, ser un consumidor responsable es una forma más de ser solidario con los seres humanos y el mundo.

Una manera práctica de calibrar el coste de lo consumido es compararlo con el número de horas de trabajo empleadas para conseguirlo; así los hijos pueden tener una primera idea de las posibilidades reales de la economía familiar. Se trata también de vincular la educación para el consumo con formación para el manejo y el conocimiento directo del valor del dinero, aspecto este de escaso tratamiento educativo, tanto en el entorno familiar como escolar. Hablar del manejo del dinero en muchas familias se ha convertido casi en un tema tabú, ya que, con independencia del nivel de vida familiar, existe la convicción de que tratar de dinero con los niños es incidir en los intereses puramente materiales de la vida o, simplemente, constituye una cuestión de mal gusto. Parece que es deseable que los hijos permanezcan totalmente al margen de los asuntos económicos de la familia; es más, muchas veces se suele aparentar ante ellos que cualquier gasto es posible. Así, a menudo, se ocultan los problemas económicos y se sigue ante los niños con una tónica de consumo superior a las posibilidades reales de la familia, comportamiento que se justifica presentándolo como un esfuerzo para que los hijos "sean como los otros" o "tengan lo que yo no pude tener". A pesar de la buena intención subyacente, con ello se incurre en un grave error educativo.

Si tienen edad para comprenderlo, es una equivocación no hacer conscientes a los hijos de lo que significa conseguir un salario, de las posibilidades reales de gasto que tiene la familia, etc., con el fin de establecer el orden de prioridades del consumo al que se aludía antes. No cabe pensar que los niños son incapaces de entender esta cuestión; conocer el valor del dinero familiar en términos de tiempo y esfuerzo, así como los posibles planes de futuro de la familia, ayuda a potenciar responsablemente las decisiones familiares. Además, es la base para poder pedir luego a los hijos un uso reflexivo del dinero de bolsillo. Por supuesto, las informaciones que se les faciliten no deben excederse en detalles; también hay que preservar la lógica intimidad de la familia ante posibles comentarios externos de los niños. El sentido común dirá en cada caso hasta donde llegar, pero el principio básico es informar y hacer a los hijos partícipes de lo que es importante en el seno familiar, siempre con naturalidad y proporción, sin exageraciones ni dramatismos, y dando al dinero solo el valor mediador que tiene, para no hacer de él un referente máximo ni rendir a su posesión un culto que termine por dominarnos.

Para los niños es importante disponer de una pequeña cantidad de dinero de libre uso por un período de tiempo. Esta práctica, si se realiza de acuerdo a la edad y la economía familiar, obliga a distribuir en el tiempo las decisiones de consumo y posibilita el ahorro. Al principio, el tiempo debe ser corto –cuestión de días–, para luego pasar a las asignaciones semanales y mensuales. En cuanto a la cantidad, la moderación debe ser la norma, con independencia del poder adquisitivo de la familia; nunca debe ser elevada, si se quiere ser congruente con esta búsqueda de los hábitos responsables en el consumo. La cantidad asignada es necesario mantenerla fija y resistir a la demanda de complementos o de anticipos resultantes de una mala gestión de los recursos, a menos que se hayan producido situaciones totalmente imprevistas; hay que evitar que se instaure la costumbre de insistir con nuevas peticiones cuando se acaba la cantidad de dinero inicialmente asignada. Finalmente, se debe considerar que toda la familia debe tomar parte en esta tarea educativa, ya que los niños y adolescentes saben bien que existen otras fuentes de ingresos además de los propios padres, como los abuelos, tíos, etc.

Si la educación es la preparación para la vida. solo se prepara para la vida acercándose a ella. Por lo tanto, hay que educar en el uso del dinero, porque constituye en nuestra sociedad un elemento importante en la vida personal y social. También se debe incluir el análisis de los comportamientos inadecuados que conducen a la obtención de dinero a cualquier precio, incluso de forma delictiva, y de los escándalos que supone gastar de manera irresponsable. Tal objetivo requiere información y práctica: información para facilitar la toma de conciencia y la valoración moral de los hechos; práctica para asentar el hábito de gastar de forma reflexiva y responsable. Saber que se cuenta con recursos limitados y que con ellos se deben atender las diferentes opciones de compra, permite aprender en la práctica a ser un consumidor responsable.

13

Castigar no es agradable, pero...

Eran mediados de los años cincuenta en la escuela del pueblo donde entonces vivía. Todos los alumnos de la clase nos habíamos habituado a escribir en hojas de papel la expresión "no hablaré en clase" montones de veces, porque sabíamos que tarde o temprano nos tocaría hacerlo como castigo de un día para otro, y así avanzábamos trabajo; incluso comerciábamos entre nosotros con paquetes de palabras escritas.

La anécdota pertenece a la etapa escolar de este autor, de modo que queda muy atrás en el tiempo, pero servirá para adentrarnos en una temática bastante compleja de la educación: los premios y los castigos, de los que no es habitual hablar y menos aún presentar propuestas, que siempre pueden resultar discutibles. Pero educar es complejo por naturaleza y los temas más incómodos se deben tratar igualmente.

La situación que refiere la anécdota es típica de unos tiempos donde se aplicaba aquel viejo y cruel principio de que "la letra con sangre entra", que casi siempre se ha asociado al castigo escolar y al castigo cruel. Hay que decir, sin embargo, que, con una lectura más benevolente, la expresión también podría tener un significado menos literal y advertir que el aprendizaje exige esfuerzo, que nada es fácil, que aprender supone sacrificio, etc.; pero ahora no insistiremos en esta interpretación y lo que implica, aunque todo esto resulte cierto y deba ser tenido en cuenta cuando educamos. La interpretación más literal del viejo adagio es la que se vincula directamente con el castigo e incluso con el castigo físico, con el castigo cruel. Analicemos ahora qué papel juegan en la educación los premios y los castigos y cuáles deberían ser las reglas generales para su aplicación.

Podemos afirmar que premios y castigos forman parte del conjunto de decisiones que habrá que tomar cuando la educación se realiza de manera consciente y controlada. El concepto de "control" no es un término habitual en el lenguaje educativo, donde se huye de su mención explícita, pero en la práctica resulta del todo imprescindible, si no se quiere que la educación responda a una simple actividad de improvisación permanente. Gracias al control se tiene información permanente de cuanto ocurre en la relación educativa; entonces se puede actuar en la dirección que garantice la consecución de las metas previstas. Como ya decíamos en otro lugar, el castigo se aplica cuando hay desviaciones de la norma, como una forma de reconducir la situación hacia el camino deseado. Ahora bien, está claro que hay padres y madres y también docentes que tienen reparo en hablar de los castigos; no tanto de hablar de premios. Quizás si no nos dejamos condicionar tanto por las palabras y vamos a los conceptos serán más comprensibles las implicaciones que conllevan unos y otros.

Volviendo al control del proceso educativo por parte de los educadores, advertiremos que los premios y castigos son las decisiones que se toman para modular la situación, para garantizar la continuidad en la dirección pretendida y para evitar la desviación de la misma. Sin duda, premios y castigos son actuaciones que hay que situar en el contexto de cada momento y lugar. La historia nos muestra, por ejemplo, castigos que manifestaban una clara insensibilidad e incluso crueldad hacia la infancia. El castigo descrito en la anécdota es de los más suaves que recibíamos entonces. Pero actualmente podemos afirmar que, afortunadamente, existe una sensibilidad generalizada hacia la infancia y las personas en general, que evitan toda acción de castigo que pudiera ser degradante o violenta. Y eso en los países desarrollados está avalado por las mismas leyes. Y es que la concepción de los premios y castigos hay que situarla en la concepción que se tenga de las relaciones interpersonales y de la misma teoría del aprendizaje que se maneje, admitiendo que, en general, sigue planteando más debate la aplicación de los castigos que los premios, aunque estos últimos también tienen su incidencia sobre el tipo de persona que se quiere formar, a veces de manera muy decisiva.

En una concepción estrictamente conductista del aprendizaje y del conjunto de la educación cobra mayor importancia el premio que el castigo. El premio es visto como un reforzador de una conducta positiva, mientras que el castigo es contemplado como la privación de un beneficio; es lo que en la teoría conductista se denomina "refuerzo negativo". Los planteamientos conductistas del aprendizaje han procurado siempre recompensar la acción correcta y al mismo tiempo evitar la incorrecta. Por ello, en los programas conductistas se cuida especialmente la introducción sistemática de todo lo que signifique premio, en sentido amplio, desde palabras de aliento hasta recompensas tangibles. La imagen de la caja donde hay encerrado un ratón que aprende a obtener comida presionando una palanca ilustra bien lo que se pretende en esta teoría: la comida es un premio por pulsar la palanca. En el marco conductista, el sujeto educando debe establecer una relación inequívoca entre el premio y la conducta vinculada a él, por eso se pide que sea inmediato a la acción que se quiere reforzar. También se facilita tal asociación mediante la coherencia lógica entre la naturaleza de la acción reforzada o a eliminar y la naturaleza del premio o sanción. En definitiva, se busca marcar con una asociación agradable las conductas deseables y con una asociación aversiva las que se pretenden eliminar.

En el aprendizaje de muchas actividades sencillas de nuestra vida se han aplicado los principios conductistas mencionados. Pero al aplicar los premios y castigos al margen de las relaciones interpersonales, y sin más referencia que la conducta que se desea consolidar o eliminar, fácilmente se pueden establecer relaciones afectivas de carácter negativo entre educando y educador, ya que el educador es este agente externo que aplica los castigos. Y ello porque no hay implicación del sujeto educando en el proceso, por lo que el refuerzo y la sanción se ven solo como algo externo, sin ninguna exigencia de compromiso personal. Repetimos que estos esquemas conductistas pueden servir para aprender ciertos comportamientos concretos y sencillos, como utilizar los cubiertos en la comida, por ejemplo, pero no para aprender a respetar las opiniones ajenas, pongamos por caso. Las consecuencias de los planteamientos estrictamente conductistas son que, una vez han cesado los refuerzos positivos o negativos, se eliminará la asociación que con ellos tienen las respectivas conductas, y se perderán los efectos alcanzados, si realmente se han llegado a conseguir.

Quien aplique la teoría conductista, consciente o inconscientemente, debe estar constantemente reforzando el comportamiento deseado o bien integrar los aprendizajes en esquemas más amplios, donde el propio sujeto decide mantener los aprendizajes adquiridos; el caso de comer con los correspondientes cubiertos sería otra vez un ejemplo. Todo para evitar que se instale el criterio de que todo lo que se hace bien debe tener su recompensa. Es el caso de aquellos padres que consideran que cuando sus hijos aprueben el curso les deben hacer un regalo, que va subiendo de nivel a medida que avanza la escolarización, y así se pasa del patinete a la bicicleta, a la moto y el coche...; todo como si el premio fuera una obligación que hay que cumplir. Entonces es difícil que se instale el compromiso personal por el trabajo bien hecho y se encuentre satisfacción en el solo hecho de realizarlo.

Las teorías no conductistas del aprendizaje buscan la implicación personal del sujeto educando para modelar su conducta y motivaciones; así se centra la atención en el control interno, el que lleva a cabo el propio sujeto sobre sí mismo, más que el simple control externo. Aquí entra la motivación personal como referente, lo que demanda que los procesos pedagógicos sean atractivos y comprendidos por los educandos para lograr tal motivación, que se pretende sea de carácter intrínseco, es decir, que se busque el aprendizaje por el valor que tiene por él mismo, no por las consecuencias externas que pueda conllevar. Para ello, el educador debe tener una concepción realmente positiva de las posibilidades de los educandos, confiando en que estos llegarán a implicarse en el proceso hasta el punto de que no será necesario el control exterior. Entonces los premios no se vinculan directamente con tareas específicas sino con planteamientos más amplios, buscando más el reconocimiento por el esfuerzo realizado que la recompensa puntual. Y los castigos tienen la misión de fomentar en el sujeto educando el sentido de la responsabilidad: aceptar las consecuencias de los actos inadecuados.

Esta perspectiva de los premios y castigos también tiene sus propias condiciones para resultar efectiva, la principal es la gran diversidad de resultados que se pueden obtener según la personalidad de los sujetos implicados. En unos casos funciona perfectamente y en otros no tanto. El criterio básico de comprensión de la situación que se busca consolidar o eliminar no es por sí misma garantía de éxito, y es que las personas actúan muchas veces sabiendo que su comportamiento es incorrecto. La comprensión no lleva inevitablemente al compromiso personal, hacia el comportamiento o actitud correcta; se necesitan algunos requisitos más. Pero la comprensión de la situación, el razonamiento aplicado para hacer entender la necesidad de actuar de una determinada manera debe estar siempre presente, y así responder a la inevitable pregunta que a todos los educadores se nos hará a menudo: ¿por qué? Y habrá que dar respuesta una y otra vez, poniendo a prueba la misma paciencia personal. Esto a pesar de que sepamos que comprender no siempre es suficiente para aceptar una situación.

Puesto que el estricto control externo dificulta la implicación del sujeto, y la comprensión de la situación tampoco garantiza por sí sola tal implicación, se defiende también una concepción de los premios y castigos que suponga el compromiso moral del sujeto, que lo lleve a actuar en la dirección correcta por propia convicción. Entonces se actúa por el convencimiento de que es bueno y deseable hacerlo. Esta perspectiva moral se centra, como la cognitiva, en el autocontrol, pero buscando razones de compromiso moral para establecer el comportamiento deseado en el proceso educativo. El referente personal no será tanto el "saber" como el "deber ser", es decir, todo lo que hace referencia a las exigencias de la relación social, hasta llegar a los mismos planteamientos religiosos, si se opta por ellos, como obligaciones y normas a seguir. El castigo se presenta entonces como la vía para instalar el sentimiento de culpa por la acción u omisión incorrecta.

La comprensión, es decir, el razonamiento sobre el camino a seguir, sigue siendo un requisito necesario para una moralidad libremente aceptada, pero el proceso educativo cuenta además con otras estrategias para tal logro. En esta concepción educativa la identificación con el educador y lo que representa resulta fundamental, puesto que el aprendizaje se logra en gran medida mediante la interiorización de modelos deseables. Hay que añadir, sin embargo, que los resultados de aplicar esta perspectiva moral no serán inapelables, como no lo son en las concepciones anteriores, ya que la personalidad de cada educando resulta siempre una variable importante.

Insistimos que el riesgo pedagógico en la aplicación de premios y castigos es que el educando los llegue a concebir como condición necesaria para corregir sus errores o avanzar en el logro de los objetivos educativos. Entonces, premios y castigos se convierten en sustitutos de las metas a lograr, estableciendo una vinculación de dependencia con la función a realizar; por ejemplo, ya no se trata de estudiar para saber, sino de estudiar para recibir premio o evitar castigo. Nos encontramos ante las expresiones como: "¿qué me das, si estudio?" o "¿qué me harás, si no estudio?". En esta situación, premios y castigos son percibidos como formas genuinas de chantaje, amenaza, soborno, coacción, venganza... y cualquier otra forma espuria de utilizar la conciencia de culpa y el reconocimiento de la propia actuación.

Como ya se ha indicado, los premios tienen mejor prensa en el mundo pedagógico que los castigos, aunque de manera general se recomiendan los premios de carácter inmaterial, para evitar que sea el mero premio lo más deseable de la situación pretendida. Un premio no tiene por qué ser algo material; ya lo es una palabra amable, una sonrisa, una alabanza. Hay que tener en cuenta, sin embargo, que la abundancia de premios provoca saturación y acaban perdiendo su posible efecto positivo, así que la dosificación y la prudencia deben presidir siempre su aplicación. Por otra parte, los premios tendrán un mayor efecto en la medida que quienes los otorgan disfruten de prestigio ante los educandos. El prestigio refuerza el valor del premio. Otras recomendaciones a tener presentes en la implantación de los premios son las siguientes:

- Hay que velar por que los premios favorezcan la instalación de la motivación intrínseca, aquella que hace valiosos los actos por sí mismos, sin esperar nada a cambio.
- Los premios no se impartirán de manera mecánica, porque rápidamente pierden su efecto.
- Los premios no deben aplicarse a actividades habituales, que se deben realizar de manera ordinaria en la normal colaboración de todos los miembros de la familia, como es el caso de las tareas del hogar, la ordenación de los propios ambientes y utensilios, etc.
- Los premios deben ser proporcionales a lo que se quiere potenciar; es más importante la forma de darlos que el premio mismo.

Volviendo al concepto de castigo, se advierte que es tan amplio como el de premio. Los castigos aparecen como algo inevitable en el proceso educativo, en la misma medida que parece inevitable que en algún momento el educando se desvíe del camino trazado y haya que reconducirlo hacia él. Ni las pedagogías más utópicas han podido prescindir de contemplar la necesidad del castigo. Y la ausencia total de castigos, que algunas familias proclaman, puede tener unos efectos muy negativos sobre la constitución de la personalidad de los educandos, ya que fomentan la consideración de que "todo vale", "haz lo que quieras que no pasa nada"...

Un principio general de la aplicación de los castigos es que deben estar vinculados a una normativa –explícita o implícita– que los justifique; con ello se elimina la posible aleatoriedad en su aplicación, lo que les haría perder todo su efecto reformador de las conductas y actitudes. Así se evita también instalar la idea de que el castigo es fruto del capricho del educador, que varía en función de su estado de ánimo.

Otros criterios básicos que se vinculan con la efectividad de los castigos son la proporcionalidad y la estrecha vinculación con la situación a reconducir. La proporcionalidad evita que se apliquen castigos desmesurados ante faltas leves, y la vinculación permite asociar castigo y situación no deseada de manera inequívoca. Esta vinculación lleva a que, cuando la situación que se quiere eliminar ha causado algún perjuicio a otros, el castigo deba tener un efecto reparador, sea material o moral. Así, un objeto roto voluntariamente debe ser reparado, un insulto demanda disculpas, etc. Hay que eliminar todo tipo de castigo físico que suponga una expresión de violencia. El castigo físico degrada a quien lo recibe y al que lo imparte. Podemos recordar al respecto que se trata de un debate todavía abierto en algunos países y ambientes, pero la pretendida "bofetada reformadora" tiene efectos mucho más negativos en el conjunto de los educandos que los casos que parecen afirmar un efecto positivo.

El castigo físico es más la manifestación de impotencia del educador que la reflexión serena de su utilidad. La superación del castigo físico en la familia y en la escuela constituye una de las pruebas más patentes del respeto a la infancia y a la persona en general. También se deben eliminar los castigos que supongan actividades que podríamos calificar como escolares, como académicas. En este sentido hay que calificar como claramente inadecuado el castigo que se describe en la anécdota inicial. La escritura no debe asociarse a una tarea objeto de sanción, al igual que podría ocurrir si se aplicara como castigo hacer operaciones matemáticas, aprender poemas de memoria, etc. La actividad escolar y de aprendizaje en general se debe asociar a connotaciones positivas, nunca negativas.

En este mismo capítulo de castigos no congruentes con una educación respetuosa de los derechos y dignidad del educando hay que situar el sarcasmo, la burla, la ironía, etc.; en definitiva, todo aquello que pueda degradar o humillar. La humillación del educando contaminará las relaciones de respeto y de afecto que deben presidir la relación educativa, con efectos totalmente negativos. Una síntesis de las recomendaciones a tener presentes en la aplicación de los castigos podría ser la siguiente:

- Los castigos no deben afectar las creencias religiosas o los sentimientos profundos de los educandos, porque entonces los efectos serán exactamente los contrarios de los pretendidos.
- Los castigos no deben consistir nunca en una actividad escolar, lo que provocaría una clara aversión hacia las tareas escolares, más que la reconducción de la situación pretendida.
- Los castigos deben ser aplicados siempre dejando garantizado el afecto (en el caso de la familia) y la consideración (escuela) que merecen los educandos. Debe quedar claro que se castiga, pero no se retira el afecto. No será pertinente recurrir al "ahora no te quiero", por la angustia y temor de que estas expresiones pueden producir en el educando.
- Los castigos piden en general de privacidad, para no añadir efectos de pérdida de consideración social del sujeto. Con todo, este principio general debe ser matizado en función del contexto; habrá situaciones en las que el conocimiento social del castigo puede tener también un efecto disuasorio sobre el grupo.

Los castigos más habituales en el contexto escolar, además de las advertencias de tipo verbal, son las expulsiones temporales del aula. Se trata de una medida que suele justificarse para beneficiar al grupo, que no debe verse perjudicado por comportamientos y actitudes antisociales de uno de sus miembros, pero hay que aplicarla siempre con criterios institucionales; es decir, bajo el amparo de una normativa general del centro, y debe tener carácter esporádico, no habitual, y de duración muy limitada. Todo ello al margen, claro está, de los casos extremadamente graves.

También se pueden considerar castigos escolares los mensajes entregados a las familias, especialmente a los padres, en referencia al comportamiento sancionable del educando, con el afán de ponerlo en su conocimiento y contar con su colaboración. Esta colaboración, sin embargo, dependerá mucho de las circunstancias familiares, por lo que hay que ser muy prudente al respecto. Estas comunicaciones deben ser conocidas también por los alumnos afectados y formuladas siempre en positivo, y a ser posible hechas de manera oral y directa.

14

Los abuelos son valiosos ayudantes de la educación... a veces puede que demasiado

Los abuelos, que viven cerca de la escuela donde van sus dos nietos, se han responsabilizado de recogerlos y luego tenerlos en su casa hasta que los padres los vayan a buscar al salir del trabajo. Los niños han insistido en que les gusta mucho la comida que les hacen los abuelos y no quieren comer en la escuela, por lo que esta custodia y acompañamiento se ha ampliado también al mediodía. Esto durante los días de actividad escolar, porque durante los períodos de vacaciones y festividades, cuando no coincide el calendario escolar y el laboral de sus padres, los tienen casi todo el día. Y así ya llevan varios años.

En las webs oficiales de las administraciones educativas suele existir un apartado dirigido a las familias para orientarlas en la educación de los hijos y en las relaciones con la escuela. Nada que decir; se trata de una iniciativa loable y necesaria, pero resulta que no suele haber referencia alguna a los abuelos, cuando actualmente tienen, por voluntad propia y por exigencias de la vida social, un papel importante en la educación de los nietos. Estas funciones educativas de los abuelos merecen toda la atención pedagógica, para añadirla a las que corresponden a los padres y demás familiares.

Los abuelos han tenido siempre una función educadora, pero, a diferencia de un par de generaciones atrás, lo hacían de manera secundaria, pues los padres la ejercían de manera preeminente; esto justificaba aquel principio generalizado de que los abuelos podían mimar a los nietos, puesto que los padres, la escuela y el conjunto de la sociedad ya se encargaban de la responsabilidad principal de la educación. ¿Aún es así? De la función educadora de la escuela no hay duda, pero la sociedad difícilmente hace hoy aquella función educativa de otros tiempos, debido al cambio de las condiciones de vida que ahora no es necesario detallar, y muchos padres la hacen de manera limitada, debido a la variabilidad de las estructuras familiares, las condiciones del trabajo, el tipo de vida que nos hemos dado. La realidad resultante es que muchos abuelos se ven en la situación de volver a hacer de educadores activos con sus nietos, como antes habían hecho con los hijos, ante el vacío parental existente varias horas al día, varios días a la semana, muchas semanas al cabo del año.

Son unos abuelos que tienen una edad equivalente a la de los abuelos pasados, incluso unos años más, pero rejuvenecidos por las mayores expectativas de vida, por la mejor salud que disfrutamos gracias al progreso de la medicina y las condiciones de la vida moderna. Incluso puede que los actuales abuelos estén en mejores condiciones económicas que sus hijos. La resultante es que se ven obligados a hacerse cargo de unos nietos a los que deben atender con una intensidad que va más allá de la función complementaria de otros tiempos. Ante esta situación, si actúan como recuerdan lo hicieron sus abuelos con ellos, se encontrarán con una carencia de intervención educativa continuada y coherente, que solo puede llevar perjuicios a los niños afectados. Limitarse a dar afecto, que sigue siendo necesario, por supuesto, y priorizar el consentimiento por encima de la exigencia que siempre conlleva la acción educativa responsable, solamente agudizará el vacío pedagógico que tan negativo resulta en la formación de las nuevas generaciones.

Hoy los abuelos son en muchas familias el último reducto que ofrece seguridad, ante un contexto variable en cuanto al trabajo y los valores imperantes. Muchos abuelos actuales han vivido unos tiempos difíciles, donde no había tantos lujos ni las libertades que hoy disfrutamos, pero donde el esfuerzo tenía su compensación; se podía trabajar y abrirse camino en la vida, y gracias a ello sus hijos tuvieron una vida más cómoda que ellos a su edad, tuvieron mejor escolaridad, disfrutaron de bienes impensables solo una generación antes... Y ahora estos abuelos viven una situación inédita, que no acaban de entender y que ya no quieren juzgar, pero que les acaba implicando directamente. Hacen de "canguros" de los nietos como una exigencia ineludible, porque los hijos trabajan o simplemente les dejan los hijos para gozar de más libertad de acción; ayudan económicamente a los hijos para que puedan subsistir, después de constatar que los sueldos no llegan a pagar todos aquellos compromisos que, a veces demasiado alegremente, aquellos han asumido, o cuando la pérdida del trabajo les ha dejado sin salario, o cuando una separación matrimonial les ha cambiado la vida de manera rotunda. Todo un conjunto de circunstancias diversas, que obliga a la generación de abuelos a asumir unas responsabilidades que en otros tiempos no les corresponderían. No vamos a seguir por este camino de análisis sociológico, que daría para mucho más. El caso es que hay que afrontar una situación donde los abuelos deben actuar como educadores convencidos, sin dejar de ser lo que la naturaleza los ha hecho: abuelos.

El mensaje que habría que destacar es la necesidad de afrontar la situación que toca vivir a los abuelos actuales, con la convicción de que se trata de favorecer todo aquello que vaya en beneficio de los nietos, de unos niños necesitados de una acción educativa equivalente a la aplicada tiempo atrás con los hijos. Hay que transmitirles nuevamente el sentido del esfuerzo, de la responsabilidad, de la aceptación de unas normas, que les deben permitir una vida social con libertad y respeto mutuos. Y todo esto hay que hacerlo desde el afecto y el equilibrio que proporciona la experiencia vivida, que ahora ha agotado una parte de la vitalidad personal, sin duda, pero que a la vez ha dado serenidad y convicción en aquellos valores que son garantía de mejor vida para todos. Lo más difícil será encontrar el equilibrio entre la tendencia al consentimiento que lleva el afecto natural hacia los nietos, y la necesidad de mantener los principios que toda educación exige para ser efectiva; pero habrá que hacerlo en beneficio precisamente de los nietos educandos. No bastará con contar cuentos, proporcionar caricias y complacer algunos caprichos, que también se debe hacer, sino que habrá que mantenerse firmes ante el egoísmo desatado, los deseos inadecuados, la desobediencia manifiesta... y todo lo que suponga ir por caminos que alejan de los valores que queremos fomentar. Por supuesto que todo ello con el acuerdo de los padres de los niños, para hacer una acción coordinada, siempre que sea posible.

Esta tarea educativa se presenta a los abuelos de forma más pesada de lo deseado, una vez llegados a una etapa de la vida en que ya han criado a los hijos y estos toman sus decisiones libremente. Porque se encuentran nuevamente ante unos tiempos que pensaban serían mucho mejores, y permitirían a los abuelos disfrutar de los últimos años de la vida con mayor tranquilidad, con mayor comodidad. Y así es, efectivamente, en muchos casos, porque pueden hacer muchas cosas que en tiempos pasados les era imposible. Pero, paralelamente, se encuentran de nuevo en situación de comprometerse y trabajar en beneficio de los nietos, y también de aquellos hijos que lo necesitan, aunque tal vez no les sea suficientemente reconocido.

Es una imagen muy habitual ver que son los abuelos quienes acompañan a los niños a la escuela y quienes los recogen a la salida, por lo que ya se habla incluso de su misma participación en las AMPA escolares, dado que pueden sentirse muy comprometidos con la escuela al tener contacto con ella de manera más habitual. Por supuesto que no es así en todos los casos, pero el número de abuelos en esta situación ya resulta bastante significativo como para hacer las correspondientes reflexiones sociales y pedagógicas. En muchos casos son los abuelos quienes llegan a hablar con los docentes, quienes se ven comprometidos en el momento de realizar los deberes escolares, quienes se informan de lo que pasa cada día en la escuela. Todo ello exige una implicación personal y una mentalización respecto a la escuela que supone un considerable esfuerzo de comprensión, dada la distancia de dos generaciones respecto la escuela que ellos vivieron. No resulta fácil para muchos abuelos penetrar en el contexto escolar actual con todas sus implicaciones.

Desde la Pedagogía no se discute que la familia es la institución responsable principal de la educación en su dimensión moral, ya que los lazos familiares, especialmente los que vinculan padres e hijos, se establecen en base al afecto. La educación encuentra en este afecto el apoyo necesario para su actuación constante y eficaz con referencia a los valores. Y el afecto está sin duda presente entre abuelos y nietos, incluso se llega a utilizar la denominación de "incondicional" para calificar este afecto. Es más, se considera que la aportación más valiosa que los abuelos pueden hacer a sus nietos es la estabilidad, la seguridad emocional a través del afecto profesado. La tendencia que suelen tener los abuelos a proporcionar caricias a sus nietos son la expresión notoria de este afecto, y constituyen una fuente de placer y de relajación para los nietos de corta edad. En todo caso, se puede afirmar que este afecto de los abuelos no es idéntico al profesado por los padres respecto a sus hijos, dejando ahora de lado toda la casuística que tristemente pueda existir respecto a una falta de afecto entre progenitores y sus hijos.

El afecto o amor de los padres que se responsabilizan plenamente de la educación de sus hijos se verá obligado a la búsqueda del bien, lo que pasa a veces por la necesidad de aplicar sanciones, como estrategia para reconducir situaciones no deseables. En esto ya se ha insistido en otro lugar. Pues bien, la cuestión de las sanciones o castigos suele plantear más dificultades de aplicación por parte de los abuelos, debido a que se sienten con menor nivel de autoridad que los padres, al tiempo que el afecto se presenta como más determinante en su relación con los nietos; a veces se despierta el miedo de perder ese mismo afecto si se muestran firmes en sus criterios pedagógicos. No hay que olvidar que los abuelos ya educaron en su momento a sus hijos –y ahora también vamos a dejar de lado la eficacia y corrección de pudiera tener tal educación–, lo cual explica que ante los nietos se sitúen en una posición de menor exigencia, dejando que el afecto tenga más peso en la relación educativa que la misma preocupación por los principios morales.

Suele ser habitual la acusación de que los abuelos atienden a los nietos con exceso de mimos, que los educan de forma consentida y sobreprotectora. No hay duda de esta tendencia, de acuerdo con los principios anteriormente comentados, de ahí que sea absolutamente necesario que abuelos y padres se pongan de acuerdo en cuanto a los ámbitos respectivos de actuación, así como respecto a las normas básicas a cumplir y valores a respetar. Si resulta necesaria una coordinación entre la educación escolar y familiar para darle coherencia, con más motivo resulta necesaria esta coordinación dentro del propio ámbito familiar. Los estilos de trato podrán estar condicionados por la edad que separa padres y abuelos, pero las referencias educativas a alcanzar deberán ser compartidas. Con todo, será muchas veces inevitable la confrontación de pareceres respecto a cómo actuar sobre los hijos-nietos, consecuencia lógica de la diferencia de vivencias y la manera diferente de encarar el futuro que puedan tener padres y abuelos. Los primeros deben considerar entonces el esfuerzo que les supone a los abuelos volver a erigirse en educadores activos y constantes, cuando los contextos han variado tanto respecto a sus tiempos de educadores de sus hijos, por lo que convendrá potenciar los aspectos que les son más propios en razón de la edad y las circunstancias; en todo caso no será nunca admisible la desautorización mutua.

No extrañará, por tanto, que muchos abuelos vivan en permanente duda sobre cuál debe ser su papel y su actuación en la educación de los nietos, sabedores de que los padres son los principales responsables de esta educación. Pero su actuación continuada les exige aclarar este rol. En aquellas situaciones donde hay un tiempo prolongado de convivencia entre abuelos y nietos resulta forzoso que los abuelos tengan que actuar como padres, prácticamente, porque se presentan multitud de situaciones que exigen una actuación educativa, y si no se realiza en el momento preciso corre riesgo la educación misma de los nietos.

Una actuación educativa continuada exige constancia y convicción sobre las líneas a seguir, y si se lleva a cabo sin estos requisitos puede convertirse en fuente de estrés para los mismos abuelos, además de la consiguiente ineficacia de la acción educativa. Por lo tanto, los abuelos que tienen un cuidado intensivo de sus nietos se erigen, obligatoriamente, en educadores constantes, con todo lo que ello conlleva. No sustituyen la figura de los padres, pero sí se ven obligados a sustituir sus funciones educativas durante su ausencia, de la misma manera que actúan como proveedores de cuidados, de alimentación, de vigilancia, etc.

Los abuelos de ninguna manera pueden ceder a todos los deseos que les formulen sus nietos porque, entre otras razones, se encuentran en una situación en la que como educadores también deben formar para soportar la frustración, en no confundir deseos con necesidades, en saber dilatar la consecución de ciertas satisfacciones. Todo lo dicho no excluye la perspectiva educativa específica que los abuelos ofrecen a sus nietos, en función de la diferencia de edad entre ellos y de las relaciones intergeneracionales que mantengan. Los abuelos inciden en la socialización de sus nietos haciendo evidente la realidad que conlleva la vejez: pérdida de vitalidad, enfermedades, pérdida de agudeza sensorial... hasta la misma muerte. La constatación por parte de los niños y adolescentes de lo que implica el avance en edad, las diferentes vivencias que se tienen de las épocas pasadas, son parte de su educación para comprender el proceso vital y las implicaciones sociales que conlleva este proceso. Los abuelos muestran el valor de las aportaciones realizadas por generaciones pasadas, lo que permite explicar la situación actual.

Aunque tareas realizadas tradicionalmente por los abuelos, como la narración de historias y cuentos, se enfrentan hoy en el poderoso atractivo que ejercen los medios de comunicación y los videojuegos, se puede constatar cómo esta narración directa, que los abuelos suelen realizar con indudable destreza, sigue teniendo poder de atracción sobre los nietos durante bastantes años. En este mismo contexto se puede situar la lectura compartida y ciertas actividades a medio camino entre el aprendizaje y el juego, como son las realizadas en la cocina y en el conjunto del hogar, sin excluir visitas a lugares interesantes, juegos de mesa, materialización de *hobbies*, etc. Pero hay bastante más. Si los nietos comen a menudo en casa, como es el caso de la situación descrita en la anécdota inicial, se plantea la necesidad de educar en la adquisición de buenos hábitos alimenticios e higiénicos, así como normas de comportamiento en la mesa, etc.

En definitiva, los abuelos deben encarar una educación en diversos ámbitos de la vida, incluyendo todo lo referente al consumo, porque no pueden aparecer como la fuente de satisfacción de todos los deseos no satisfechos por los padres, al margen de sus posibilidades económicas para hacerlo posible. Preparar para soportar las frustraciones, fomentar la moderación y capacitar para vivir en tiempos de incertidumbre como los presentes y los que se acercan, constituyen objetivos educativos insoslayables que los abuelos deben afrontar cuando su relación con los nietos es intensa y continuada.

En general, los abuelos viven la atención a los nietos con satisfacción, encontrando en ellos una posibilidad de proyección personal, de un futuro que para ellos ya resulta inalcanzable. Pero tampoco faltan los que se sienten explotados –síndrome del abuelo "esclavo"–, y no viven la atención a los nietos con placer sino como una obligación impuesta que no se atreven a cortar, por eso se les ha aplicado también el calificativo de "abuelos comodín" a estos casos. Esto depende de un conjunto de variables que se conjugan en cada situación, por ejemplo, la posible pérdida del tiempo libre conquistado con la jubilación, el número de nietos a atender, el comportamiento de estos, el número total de días y horas que deben dedicar, etc. Pero para la mayoría de los abuelos, especialmente para las abuelas, el cuidar de sus nietos con un nivel de dedicación equilibrado a sus intereses y posibilidades, les proporciona una sensación de bienestar y les despierta la satisfacción de ser útiles a sus hijos, especialmente a las hijas.

La necesidad e importancia que tienen actualmente los abuelos como educadores activos y directos lo da el hecho de que lleguen a organizarse programas de formación específicos para ellos, donde se suelen incluir aspectos concretos de conocimiento de cómo son actualmente los niños, sus gustos y tipos de relaciones sociales, etc., además de conocimientos sobre la escuela y el sistema educativo, en tanto es este un campo en el que se ven obligados a intervenir con cierta intensidad.

La situación con la que se encuentran hoy los abuelos les muestra la necesidad de seguir aprendiendo, no solo para mantenerse activos en el mundo cambiante que nos rodea, sino también para poder comprender y ayudar a sus nietos en las tareas escolares y extraescolares. Así, después de la etapa en que como padres quizás tuvieron que actualizarse en ciertos contenidos escolares para ayudar a sus hijos, nuevamente surge esta necesidad de puesta al día con los nietos, con los que vuelven a adoptar en parte el papel parental. Por otro lado, está la necesidad compartida con el resto de las edades más jóvenes de seguir aprendiendo, para mantener la capacidad de comprensión de un mundo que evoluciona en sus saberes y técnicas. Y es que una vez se ha abandonado la actividad profesional, solo los aspectos más estrictamente profesionales pueden verse retrasados en el aprendizaje personal permanente. En fin, que se constata una afirmación que ya en los años setenta hizo un conocido autor (Illich): «Estamos condenados a aprender de por vida».

A modo de síntesis, y sin ánimo de agotar el tema, unas recomendaciones generales que se podrían dar a los abuelos como educadores serían las siguientes:

- Tener presente que los nietos (educandos) siempre los observan, aunque no lo parezca. Por eso hay que comportarse como ejemplos a seguir, para que haya siempre coherencia entre lo que se pide a los nietos y lo que observan en sus mayores.
- Proporcionar manifestaciones de afecto adecuadas a la edad de los nietos, para que estos se sientan seguros en el terreno afectivo.
- Compartir lecturas e informaciones, incluso algunas más actuales y que interesan especialmente a los nietos, como medida de proximidad y comprensión.
- Interesarse por las amistades, intereses, actividades, etc. de los nietos, para obtener un mejor conocimiento de ellos y de su entorno.

- Incorporar los nietos a la vida ordinaria del hogar: orden, limpieza, compra, etc., como una manera de desarrollar su responsabilidad.
- No ceder a todos los deseos que manifiesten los nietos, ayudando así a saber dilatar la satisfacción de los deseos cuando es necesario, como elemento de fortalecimiento del carácter y como camino para ser consumidores responsables.
- Preparar a los nietos para un mundo donde hay que vivir con pocas seguridades, y donde hay que ser capaz de superar personalmente las dificultades que tengan. Esto supone no resolverles todos los problemas que surjan sino implicarlos en los mismos para que intenten resolverlos por sí solos.
- Mostrar sintonía con la educación de los padres y con la escuela, para que no haya disociaciones en este terreno.

15

Las formas no lo son todo, pero son importantes y necesarias

La noticia apareció en todos los medios de comunicación. El supervisor de un tren que iba a Palencia obligó a todo un grupo de niños y niñas a apearse del mismo antes de llegar a su destino porque su comportamiento molestaba claramente a los otros viajeros y, además, se negaban a llevar puesta correctamente la mascarilla, que era obligatoria en el transporte público ante la epidemia de COVID. Los escolares iban acompañados de maestras o monitores/ras (no quedó clara esta cuestión). Los padres de los niños implicados amenazaron con denunciar a la compañía ferroviaria (no sé si se llegó a materializar tal denuncia).

Esta vez añado una segunda anécdota

Era una estación del metro de Barcelona. Ya hace años que está vigente la normativa de no fumar en los espacios públicos. Unas chicas adolescentes estaban sentadas en mitad del andén y encendieron unos cigarrillos. Yo no pude renunciar a mi impronta de pedagogo y educador y les recordé que allí no se podía fumar. La reacción fue inmediata para preguntarme, en claro todo agresivo, si yo era un policía. No creo necesario seguir con la narración.

Y una tercera

Paseábamos un grupo de amigos y colegas por una avenida peatonal muy transitada de una ciudad mediana del norte de la península, delante nuestro iba un grupito de chicas de unos 14-15 años, y de entre ellas se destaca

123

una que emprende a gritos una discusión con otra chica que andaba más alejada, hasta que termina diciéndole a plena voz: «Me comes lo que tengo entre las piernas». No pude evitar decirle directamente: «Niña, que vocabulario más fino tienes», y me alejé para no oír su réplica.

La escuela se ha justificado y se sigue justificando como obligatoria, tal como se decía en otro capítulo, en la misma medida que sirva para preparar ciudadanos. Y formar ciudadanos supone introducir en el sistema educativo las metas de la educación social, ciudadana o cívica, según la denominación que se quiera aplicar. Todo ello a tenor de los tiempos vigentes, por supuesto.

Ser ciudadano en estos tiempos pasa por respetar las normas de convivencia que hacen posible y agradable la vida en sociedad, sabiendo que vivir con los demás supone renunciar a ciertas libertades individuales en beneficio de la convivencia. Si cada uno hace lo que le viene en gana, difícilmente haremos posible una situación de convivencia con los demás; ser sociable supone renunciar a algo de lo que nos gustaría hacer en público, en beneficio de compartir y demandar algunas otras cosas a los demás.

Yo aún soy fumador en ciertos momentos y lugares, y he tenido que aprender a mantener este vicio fuera de los lugares donde se puede molestar a los demás. Lo comprendo y acepto. No puedo obligar a nadie a inhalar humo que no desean. Todo no se puede hacer en público. La alternativa sería ir a vivir a un lugar solitario, donde nuestros actos no implicaran a nadie más.

Tiempos atrás en la escuela se hablaba de "urbanidad", lo cual ya resultaba curioso, que se vincularan ciertas normas de convivencia con la "urbanitas", como si tales normas solo afectaran a la vida en poblaciones consideradas urbes. Etimología aparte, bajo tal denominación se abarcaban comportamientos que implicaban respeto, deferencia, amabilidad, para hacer agradable la vida de relación social. Actualmente se han olvidado o modificado muchos de los formalismos sociales que en el pasado se proponían para el vocabulario, la indumentaria, el comportamiento… en beneficio de una formación más profunda, nacida del convencimiento personal y no de la mera rutina comportamental. Pero en modo alguno deberíamos olvidar que la vida en sociedad requiere de convencionalismos que la hagan agradable y sostenible. Y, puesto que los hábitos se adquieren practicando los comportamientos que se quieren instalar, tratándose de hábitos vinculados a la relación social, la práctica de tales comportamientos resulta necesaria para su consolidación. Y esto hay que fomentarlo desde la infancia, puesto que no solo hay que preparar a los niños para su futura vida adulta sino también porque ellos forman parte activa del conjunto de la vida social, están presentes en la comunidad social y, por tanto, viajan, asisten a comercios, restaurantes, actos públicos, etc.

La cuestión clave está en determinar qué tipo de hábito comportamental se corresponde con los tiempos que vivimos y cumple su cometido de facilitar la relación social pretendida. Y tal selección no resulta fácil. Vivimos tiempos donde la tendencia general es la de romper los formalismos, pero cabe preguntarnos si conviene romper todo tipo de formalismos, si esa supuesta mayor libertad en la forma de hablar, vestir, comportarse, realmente potencia y mejora la relación social con "cortesía, comedimiento, atención y buen modo", tal como define la Real Academia de la lengua castellana el término "urbanidad". Podríamos empezar por comentar la forma de hablar.

La forma de hablar es expresión del tipo de relación interpersonal que se establece con los demás. Es así que se puede diferenciar entre un hablar cariñoso, respetuoso, agresivo, amistoso, etc., que lo señalan los pronombres personales (tú, usted...), los adjetivos, los sustantivos, etc. y también el tono de la voz que acompaña a las palabras. La experiencia personal nos ha enseñado a distinguir los tipos y matices que envuelven la comunicación verbal. No es muy distinta la situación que se plantea en la comunicación escrita, si bien aquí no se advierte el tono ni la expresión complementaria que se realiza con todo el cuerpo, especialmente con el rostro. En la comunicación escrita son las palabras estrictas y su posible uso irónico, jocoso, además de los puntos de admiración, de interjección, sin olvidar el empleo de las mayúsculas, lo que sustituyen la comunicación no verbal en el discurso oral. También es sabida la función de los denominados "emoticonos" para expresar sentimientos y emociones, que ya parecen imprescindibles en las redes sociales.

Resulta evidente que la generalización de la democracia ha comportado la eliminación de formalismos verbales que eran claro fruto del distinto estatus social de las personas. Los ejemplos se pueden encontrar en todos los idiomas. Pero restan algunos tratamientos que resisten el paso de los tiempos, y que por la trascendencia (y poder) que tienen tales personas se les mantiene la consideración tradicional; podemos pensar en el caso de los jueces, médicos, altos cargos políticos y militares, por ejemplo. Aquí queda evidente que su estatus se refleja en el lenguaje con ellos utilizado. Otros ámbitos han perdido prerrogativas de antaño, como es el caso de los maestros y profesores. En mis tiempos de infancia era impensable tutear al maestro o llamarle por su nombre de pila. En general, los niños y adolescentes trataban de usted a sus mayores. Aunque en todo esto siempre se pueden advertir tradiciones diferenciadas entre territorios.

Actualmente el tuteo se aplica de manera muy amplia, puede ser cara a cara en las tiendas, en llamadas comerciales realizadas por teléfono, en las instituciones educativas entre alumnos y docentes, en los hospitales y residencias entre personal sanitario o cuidadores con los enfermos y ancianos, etc. Esta situación se puede interpretar como lo dicho: una generalización de las relaciones entre iguales que comporta la democracia, pero también cabe preguntarse si en muchos casos no supone una pérdida de la distancia de respeto que debiera mediar entre personas de edad distinta o de responsabilidad muy diferenciada, como sucede en el seno de las instituciones educativas. Se podrá argumentar que se puede mantener el respeto, aunque se emplee el tuteo y el lenguaje próximo, pero no hay duda de que el paso hacia diálogos irrespetuosos es más fácil si se rompen las barreras del trato lingüístico. Ni que decir que las chicas de la anécdota inicial me respondieron tuteándome, de la tercera anécdota prefiero no acordarme.

Junto al uso del lenguaje está la indumentaria, respecto a la cual podríamos establecer un paralelismo. La democracia y aumento de la proporción de la población que podríamos situar entre las denominadas "clases medias", ha llevado a una forma de vestir ampliamente generalizada, donde los niveles económicos se diluyen, si bien siempre se podrán advertir diferencias en función de marcas y calidades de las prendas. Excepto en instituciones que tienen exigencias con su personal, expresadas en forma de indumentaria institucional, es fácil constatar cómo la comodidad, pero también el dictamen de las tendencias en el vestir, se imponen. Por solo citar unos ejemplos, podríamos referir el caso del uso de las corbatas y las chaquetas en los varones, prácticamente desaparecidas en muchos ámbitos.

Nada que objetar contra la generalización de la democracia a través de la indumentaria, pero, al igual que ocurre con el lenguaje, hay que atajar el peligro que la pérdida de todo formalismo puede acarrear. Así, la asistencia a las aulas, de todos los niveles, con simples pantalones cortos de deporte, camisetas mínimas, etc., no solo significan la preponderancia de la comodidad por encima de los formalismos sino también una despreocupación por los demás, que conviven y soportan esta situación. Se transmite el mensaje de que "no me molesto en arreglarme ni en preocuparme de mi aspecto para estar con vosotros o en este lugar". Y es que, aparte de la función de protección frente al medio exterior, la indumentaria tiene una función de mensaje no verbal respecto a quienes nos rodean en un lugar y momento determinado.

Nos vestimos en función de los destinatarios de nuestra compañía. Y así mostramos la consideración que nos merecen. Personalmente no podré olvidar nunca la sensación que me produjo ver en un funeral al hijo del difunto vestido con pantalón corto de deporte, camiseta de manga corta y chancletas. Por el contrario, me he encontrado en hoteles de playa donde no se permite la asistencia al comedor con tal indumentaria. Sí, sí, se dirá que se pueden romper cánones formales sin que afecten al respeto, al afecto... ¿de verdad las formas no significan absolutamente nada? Las cosas no se ven igual en unas edades tempranas que en las posteriores, pero si los hábitos no se adquieren en aquellos primeros momentos luego cuesta mucho más lograrlos. La anécdota de los niños en el tren, no respetando las reglas básicas de convivencia no presagia que de adultos sean modelos al respecto, porque los malos hábitos siempre son difíciles de desarraigar, mientras que los que podríamos considerar positivos, también suelen persistir en el tiempo; podemos pensar en los hábitos higiénicos, por ejemplo.

En este punto podemos volver al tema ya indicado en otro lugar, el de los uniformes escolares, que tienen sus partidarios y detractores, más por su posible simbolismo a los ojos de perspectivas socio-políticas que por su auténtica funcionalidad pedagógica y social. Los uniformes, que dicho sea de paso pueden consistir en prendas muy habituales y discretas, evitan las comparaciones sociales en función de la capacidad económica de las familias, también evitan la indumentaria con prendas que fácilmente se pueden considerar inadecuadas en función del lugar que significa la escuela, y evitan, ¿por qué no decirlo? la exhibición entre los adolescentes de partes excesivas de sus cuerpos, lo cual no contribuirá precisamente a centrar la atención en las tareas que en la escuela se deben realizar. Como se suele decir, la escuela no es una playa ni una discoteca; tampoco un lugar de recepciones protocolarias. Y por si alguien piensa que esto de los uniformes es cuestión exclusiva de los centros privados de carácter selectivo, se puede mencionar que se usan en Cuba en todas las escuelas del país. De modo que este tema, como tantos otros del ámbito educativo, debe afrontarse con serenidad, sin prejuicios ideológicos y en función del tiempo y lugar que corresponda.

Tanto en el lenguaje verbal como en la indumentaria confluyen comportamientos congruentes con la forma de hablar y de vestir; no en vano nos comunicamos con todo el cuerpo, con sonidos, gestos y movimientos corporales de diverso tipo. Centrados en este capítulo comportamental, surge todo cuanto podríamos calificar como de "buenas maneras", símbolos de respeto y deferencia hacia las personas mayores o a quienes reconocemos autoridad. La democracia y la igualdad social nuevamente se nos aparecen en este apartado, acompañadas de la demanda de comodidad propios de la vida actual. No hace falta hacer aquí un listado de comportamientos de "urbanidad", pero los espacios educativos han de proporcionar también algunas orientaciones al respecto, sin que ello suponga servilismos ni desigualdades sociales. Bastarán unos ejemplos para ilustrar este apartado: no imponer a los demás un nivel de sonido molesto, respetar los espacios físicos comunes de modo que no se moleste a los demás, ayudar a las personas que lo precisan en sus movimientos, respetar los turnos en las esperas, etc. Y todo ello no se aprende solamente en la escuela, por supuesto, sino especialmente en casa, con la familia, puesto que los ejemplos resultan decisivos al respecto.

La relación de anécdotas vividas sobre el inadecuado comportamiento de niños y no tan niños en espacios públicos sería infinita, las anécdotas referidas son solo una muestra; todos podríamos aportar unas cuantas más. La cuestión es que esas anécdotas o comportamientos puntuales, a buen seguro, son la expresión de una forma de ser que choca con una concepción de la educación como adquisición de hábitos que respeten y hagan agradable la vida social. Las anécdotas de comportamientos antisociales son la manifestación por parte de sus protagonistas del egoísmo, la petulancia, el desprecio hacia los demás, que tendrá manifestaciones en todas las dimensiones de la vida personal y social. Como se suele decir «El hábito no hace al monje», pero le ayuda a serlo.

La educación escolar ha de preocuparse de los modales expresados en la forma de hablar, de vestir y de comportarse, porque su justificación estriba precisamente en preparar para la vida social plena. Y tal vida social resulta mucho más agradable si se realiza con respeto mutuo; en caso contrario se fomenta el aislacionismo, la falta de relación, y todo cuanto suponga distanciarse de los demás, lo cual, ciertamente, no contribuye a hacer una sociedad mejor.

OTRAS OBRAS DEL AUTOR

La enseñanza no presencial en la educación básica.
Guía práctica para maestros y professores
(Cuadernos de educación, nº 94)

El currículum competencial (para la educación básica)
(Cuadernos de educación, nº 80)

Competències bàsiques i currículum. Ciències Socials,
Educació en valors, Educació artística, Educació física
(Cuadernos de educación, nº 78)

Competències bàsiques i currículum
(Cuadernos de educación, nº 71)

Reflexión y práctica pedagògica
(Sarramona *et al.*)
(Cuadernos para el análisis, nº 57)

L'educació dins i fora de l'escola
(Quaderns per a l'anàlisi, nº 54)

L'educació vista des de la família i l'escola
(Quaderns per a l'anàlisi, nº 53)

Conservadores e izquierdistas frente a la educación
(Cuadernos para el análisis, nº 49)